GUOBAO ZHONG DE CHANGJIANG WENHUA

《国宝中的长江文化》编写组 组编

中学本

《国宝中的长江文化·中学本》编委会

主　编：方勤 师琴
编写人员：（按姓氏笔画排序）
　　　　　马志亮　方勤　师琴　何慧敏
　　　　　汪琬　张彩琴　要二峰

武汉出版社
WUHAN PUBLISHING HOUSE

（鄂）新登字08号

图书在版编目（CIP）数据

国宝中的长江文化：中学本 /《国宝中的长江文化》编写组组编. —武汉：武汉出版社，2023.4
ISBN 978-7-5582-5810-7

Ⅰ.①国… Ⅱ.①国… Ⅲ.①长江流域 - 文化史 - 青少年读物 Ⅳ.①K295-49

中国国家版本馆CIP数据核字（2023）第031283号

组　　编：《国宝中的长江文化》编写组
出 品 人：朱向梅
选题策划：王卫东　胡　新
项目统筹：梁　杰
责任编辑：陈艾利　杨　振
封面设计：沈力夫
出　　版：武汉出版社
社　　址：武汉市江岸区兴业路136号　　邮　　编：430014
电　　话：(027)85606403　　85600625
http://www.whcbs.com　　E-mail: whcbszbs@163.com
印　　刷：武汉市精彩印务有限公司　　经　　销：新华书店
开　　本：880 mm×1230 mm　　1/32
印　　张：4　　字　　数：80千字
版　　次：2023年4月第1版　　2023年4月第1次印刷
定　　价：15.00元

关注阅读武汉
共享武汉阅读

版权所有·翻印必究
如有质量问题，由本社负责调换。

编写说明

长江是中国第一长河、世界第三长河,与同为中华民族母亲河的黄河交相辉映,共同促成了中华文明的形成和发展。长江文化是在长江流域形成的物质文化和精神文化的总和,是中华优秀传统文化的重要组成部分,贡献巨大,影响深远。

2020年11月,习近平总书记在全面推动长江经济带发展座谈会上指出:"长江造就了从巴山蜀水到江南水乡的千年文脉,是中华民族的代表性符号和中华文明的标志性象征,是涵养社会主义核心价值观的重要源泉。要把长江文化保护好、传承好、弘扬好,延续历史文脉,坚定文化自信。"2022年10月,党的二十大报告进一步提出:"推进文化自信自强,铸就社会主义文化新辉煌。"

武汉是长江经济带的核心城市,也是楚文化的重要发祥地,文脉绵长、历史悠久,长江文化孕育和滋养了武汉城市的发展。为了传承和弘扬长江文化,培育新时代英雄城市精神,促进青少年全面发展,中共武汉市委宣传部、市发改委、市教育局、团市委、市少工委、武汉出版集团有限公司联合印发武宣文〔2023〕4号文件及实施方案,决定在中小学生中开展以"立德树人,培根铸魂"为主题的第19届金色年华爱国主义读书教育活动,以《国宝中的长江文化》作为活动读本。

文物是文化的重要物质载体,揭示了文化演进的进程。《国宝中的长江文化》一书以文物为切入点,其中学本选取了二十件代表长江文化的国宝级文物,分为巴蜀文化、荆楚文化、吴越文化三部分。这些国宝级文物中,有代表巴蜀文化的青铜立人像、太阳神鸟金饰、击鼓说唱俑,有代表荆楚文化的石家河玉凤、曾侯乙编钟、鄂君启节、虎座鸟架鼓,还有代表吴越文化的良渚大玉琮、越王勾践剑、竹林七贤与荣启期砖画等,时间跨度从新石器时代到元代,类型包括青铜器、玉器、陶器、木器、书画、瓷器等,充分体现了长江文化的丰富性和多样性,展示了长江文化的博大精深和灿烂辉煌。本书通俗易懂,图文并茂,通过讲述一件件精美的文物及其背后的故事,让读者感知长江流域不同地域文化的特质,了解长江文化的精神内涵,领略长江文化的无穷魅力。

本书的编者主要来自文博、教育战线,编写时得到了中国国家博物馆及长江沿线各省市博物馆的大力支持。为了兼顾知识性与可读性,编者们博观约取,考证史料,悉心编写,反复推敲,再三修改,终成定稿。

实现中华民族伟大复兴的中国梦,需要一代又一代人接续奋斗,需要优秀传统文化提供支撑。我们希望以本书出版为契机,让文物"活起来",把长江文化保护好、传承好、弘扬好,引导广大青少年读者感悟长江文化,汲取精神力量,增强文化自信,共同描绘实现中华民族伟大复兴的绚丽长卷。

目录 CONTENTS

国宝中的长江文化

巴蜀文化

古蜀文明的"通天神树"——青铜神树 / 2
"世界铜像之王"——青铜立人像 / 8
中国文化遗产标志——太阳神鸟金饰 / 14
"錞于之王"——虎纽錞于 / 20
"汉代第一俑"——击鼓说唱俑 / 26
古代建筑的"活化石"——乌杨石阙 / 32

荆楚文化

"中华第一凤"——石家河玉凤 / 40
"玉戈之王"——大玉戈 / 46
"金道锡行"最早的记载——曾伯霥簠 / 51
改写世界音乐史的稀世珍宝——曾侯乙编钟 / 57
绘有中国最早"连环画"的楚式漆器
　　——彩绘人物车马出行图圆奁 / 63
古老的"特别通行证"——鄂君启节 / 70
先秦道家宇宙生成观的载体——《太一生水》竹简 / 77
楚文化的"世界名片"——虎座鸟架鼓 / 83

国宝中的长江文化 CONTENTS

中华五千年文明的见证——良渚大玉琮 / 90
"天下第一剑"——越王勾践剑 / 96
"两千多年前的音乐厅"——伎乐铜屋 / 102
存世最早的竹林七贤群像——竹林七贤与荣启期砖画 / 108
"书圣"的书信——《上虞帖》/ 113
青瓷的巅峰——龙泉窑青瓷舟形砚滴 / 118

吴越文化

巴蜀文化

先秦时期，在重庆和四川一带，生活着巴人和蜀人，他们共同创造了独具特色的巴蜀文化。为了更直观形象地展现巴蜀文化的辉煌成就，本书选取青铜神树、青铜立人像、太阳神鸟金饰、虎纽錞于、击鼓说唱俑、乌杨石阙等六件出自巴蜀地区的国宝级文物，为大家揭开古巴蜀文化的神秘面纱，从侧面展现巴蜀先民丰富的精神生活及其创造的灿烂的文明成就。

古蜀文明的"通天神树"
——青铜神树

国宝中的长江文化

扫码听故事

收藏地：三星堆博物馆
年　　代：商
图片来源：三星堆博物馆

在四川广汉城外的鸭子河畔，有一个风景优美的地方，这里有三个高耸的土堆隔着小河南北相望，就像分布在一条直线上的三颗星，当地人形象地称之为"三星堆"。谁也没有想到这几个巨大的黄土堆竟然是古蜀国都城遗址，埋藏着三四千年前的辉煌文明。直到1929年被偶然发现，三星堆的神秘面纱才逐渐揭开。考古工作者在这里进行了长期的发掘研究工作，出土的文物数不胜数。其中青铜神树的发现极为引人注目，具有重大的历史文化研究价值。

① 神树面世

1986年7月18日，四川广汉的一个砖厂工人在取土做砖坯时，无意中挖到了几件玉器和石器。这一情况当即被报告给四川省文物考古研究所的工作人员。考古人员赶赴现场勘察，发现地层断面中暴露出玉戈、玉璋等精美玉石器十余件，他们立即意识到这很有可能是一处重要的遗迹。

7月21日，考古队正式对三星堆一号祭祀坑进行发掘，出土了玉器、石器、青铜器、象牙、海贝等500多件文物。8月14日傍晚，刚刚完成发掘工作的考古队员们正在砖厂整理资料，一名砖厂挖土工人前来报告：在距离一号祭祀坑不远的地方又发现文物。获悉此情后，考古队马上又开展了对二号祭祀坑的抢救性发掘工作，共出土了珍贵文物1300多件，其中不仅包括青铜神树，还有立人像等。

② 神树"再现"

在三星堆二号祭祀坑中，考古工作者一共挖掘出8株神树。这些神树分大、小两种，人们在发现它们时既震惊又遗憾。震惊的是3000多年前的古蜀先民竟然能制作出工艺水平如此高超的青铜器，遗憾的是这些精美的艺术珍品在下葬前都被砸毁、焚烧。经过考古工作人员近十年的努力，终于修复了其中体量最大、造型最复杂、最具代表性的一株神树——Ⅰ号青铜神树，使人们得以一睹它的真容。这株神树由底座、树和龙三部分组成，采用分段铸造的方法铸成，使用了套铸、铆铸、嵌铸等工艺。虽然树顶及龙身后段略有残缺，但仍高达3.96米。据推断，它的完整高度应该在5米左右，是迄今为止中国乃至世界范围内发现的形体最大的一件青铜文物。

从修复后的样子来看，神树的最下面是三角形支撑的镂空圆形座圈，三足相连，构拟出三山相连的"神山"意象，座上装饰有象征太阳的纹饰以及云纹。树干铸造在神

巴蜀文化

青铜神树线图
（图片来源：三星堆博物馆）

山之巅的正中，卓然挺拔，有直通天宇的气势。树分三层，每层伸展出三个枝杈，每个枝杈上都有一扬一垂的两个短枝，枝上还有硕大的果托。每个上扬短枝的果实上都站立着一只嘴巴粗壮的神鸟，总共九只。它们的尾巴高高翘起，

5

显得神气可爱。此外还有一条飞龙沿着树干蜿蜒而下，蓄势待飞。整个造型怪异诡谲，十分神秘，又活灵活现，栩栩如生。

③ "通天神树"

这株青铜神树设计巧妙，造型奇特而优美，层次分明而浑然一体，有着极高的艺术价值。那么它具有怎样的文化内涵呢？

在中国古代神话传说中，树往往与日月运行、天地相通有着密切关系。典籍中记载的最出名的神树有三种：扶桑、若木和建木，其中，扶桑和若木分别位于东方和西方，建木处于中央。三星堆青铜神树会是哪一种呢？

有学者认为，青铜神树是扶桑或者若木。在上古的"十日神话"和"金乌负日"的故事中，太阳能够东升西落，是因为有十只金乌背负着它，每天一只从东方的扶桑飞向西方的若木，日出日落，循环往复。复原的Ⅰ号青铜神树上共铸有九只鸟，就像传说中的金乌一样。它的顶端缺失，人们推测其顶端原来也有一只鸟，加上现存的九只，正好十只，符合扶桑和若木"上有十日"这一显著特征，体现了古蜀人对太阳以及太阳神的崇拜。

也有学者认为,青铜神树就是建木。理由是《山海经》中记载建木有树叶、花果与黄蛇,青铜神树则有花果与神龙,二者特征相似。传说中建木是沟通天地人神的桥梁,那么这株神树自然也具有沟通人神、上下天地的作用。

关于铜树的内涵,目前学界尚无定论,但将其界定为"神树",增添了其神秘色彩。或许,三星堆青铜神树并不是某种特定的树,而是扶桑、若木、建木等神树的复合体,其主要功能就是"通天"。神树连接天地、沟通人神,神灵借此降世,巫师借此登天。树旁蜿蜒的神龙,或许就是巫师的驾乘。到目前为止,人们还没有在同时期的其他区域文明中发现类似的青铜神树,足见它是古蜀文化的独特产物,是具有浓郁古蜀特色的崇拜象征。

现在,人们已经知道,三星堆遗址是四川境内目前所知范围最广、延续时间最长、文化内涵最为丰富的古蜀文化遗址,被称为20世纪人类最伟大的考古发现之一,其分布范围大约有12平方千米,它的核心是约3.6平方千米的三星堆古城,这也是古蜀国在夏商时期的都城。这里出土的青铜神树是古蜀文化的代表作品,也是商代青铜铸造工艺的集大成者,更是古蜀先民人神互通的神话意识形象化的写照,为人们研究长江上游的古蜀文化提供了珍贵的实物材料。

(编写:汪琬、马志亮)

"世界铜像之王"
——青铜立人像

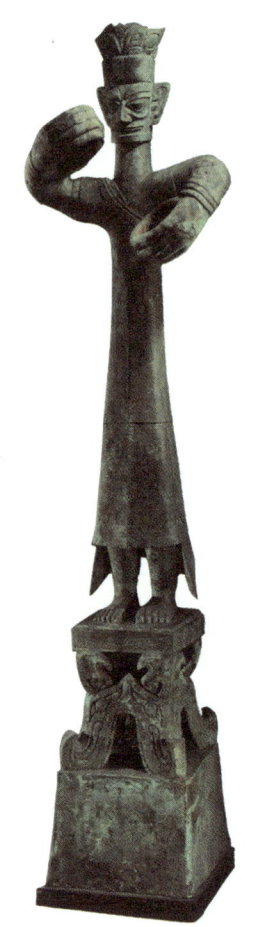

国宝中的长江文化

扫码听故事

收 藏 地：三星堆博物馆
年　　代：商
图片来源：三星堆博物馆

硕大的耳朵、前凸的双眼、咧到耳根的大嘴巴……这件国宝奇异诡谲，像外星人的作品，却是地地道道的"中国出品"，它就是收藏于三星堆博物馆的青铜立人像。这尊青铜立人像造型奇特、大气恢宏，既昭示了古蜀文化的灿烂辉煌，也彰显了中华文化的丰富多彩。

① 青铜人像"领袖"

1986年7月和8月，考古工作者在四川广汉三星堆发现了两个祭祀坑。令他们没有想到的是，这项对于他们来说十分平常的工作，却成了一件震惊世界的考古大发现。他们从这里发掘出了大量造型奇特、充满神秘色彩的青铜器、玉器、石器、陶器，还有大象牙以及海贝等文物。其中一件既震撼人心又富有神秘色彩的青铜立人像，更是引发了世人的大量猜想。

这尊青铜立人像是三星堆博物馆的镇馆之宝之一。人像高180厘米（冠顶至足底）、通高260.8厘米，重约180千克，是已知世界上同时期体量最大的青铜人像，堪称"世界铜像之王"，同一时期的古埃及和古希腊等文明古国都还没发现如此巨大、精美的青铜人像。

不论是从服饰、形象，还是从体量来看，它都可谓是三星堆出土的众多大型青铜人像的"领袖"。青铜立人像身体中空，分为人像和底座两部分，采用分段浇铸法嵌铸而成。能够分段铸造出如此高大的青铜人像，不仅凸显了古蜀先民高超的青铜铸造技艺，也表明了当时中国青铜文明高度发达。

青铜立人神态肃穆，表情专注冷峻，面相瘦削，棱角分明，浓眉大眼，颧骨突出，高鼻阔嘴，两个方形的大耳朵上各有一个耳洞。青铜立人头戴高帽，身上穿着三层薄薄的窄袖紧身长袍，每层长短都不一样，其中内衣最长，并且两摆下垂，呈燕尾形，有人称之为"最早的燕尾服"。

青铜立人像底座
（图片来源：三星堆博物馆）

青铜立人像线图
（图片来源：三星堆博物馆）

青铜立人像整体典雅庄重，从巨大的体量、异于常人的修长身材、庄严的形象和华丽的服饰来看，展现的应该是一位极具权威的大人物正站在神坛上进行某种沟通神人的仪式。

② 身份之谜

青铜立人两只胳膊一前一后环抱在胸前，两只手里好像握着什么东西，但是他手握的圆心又不在一条直线上。他的双手是拿着什么东西，还是摆着一种特定的手势？回答了这个问题，无疑会有助于对人物身份的判定。专家学者们对此表现出极大的热情，纷纷提出自己的大胆假设。有人认为他拿着的是祭祀时用的象牙、玉琮，或类似彝族祭司的神筒；有人认为他拿的是象征巫师领袖的权杖；也有人认为他是举着双手在空手挥舞，是祭祀时的一种特定姿态。调皮的网友甚至认为，他手里拿着的是一个"自拍杆"。

关于青铜立人的身份，学术界也是众说纷纭。他可能是巫，而且是三星堆文化中掌握最高祭祀、通神大权的巫师之长，他赤脚站在底座上面，造型修长，衣摆垂坠，仿佛即将腾云而起。他也像是王，从他所穿的服饰来看，虽穿了三层，却给人轻快飘逸的感觉。结合三星堆遗址同期祭祀坑发掘出土的丝绸来看，专家推测他穿的很可能是丝绸制品。丝绸在当时可是非常昂贵的衣料，彰显着穿衣人尊贵的身份。衣服上的纹饰繁复精美，有龙纹、鸟纹、目纹等。尽管众说纷纭，但可以确定的是，青铜立人的身份不俗，他亲自参加祭祀，体现了对祭祀的重视，强烈地突出了古蜀人想要接近神灵的愿望。

③ 中原文化特征

青铜立人像造型奇特，充分展示了三星堆人的奇思妙想，也考验着考古工作者的想象力。

随着考古工作者对三星堆文化研究的深入和新文物的持续出土，人们认识到三星堆文化虽然表现出了强烈而独特的地域性，但它仍然深深地烙印着中原文化的特征。比如，从发现的丝绸和青铜立人像上，考古人员可以推测当时人的衣着质地、装扮纹饰等。这与同时期中原大地若干地域的特征是相同的。最重要的是，出土的文物传递了三星堆人的"内心世界"，同样也表现出中原文化的特征。比如，青铜立人像表现的是祭祀时的人物和场景，体现了古蜀人对祭祀的重视。实际上，不只古蜀先民非常重视对神灵的崇拜和祭祀，同时期其他地域的先民也十分重视。在以农耕为主要生产方式的时代，先民观察到一些特殊的自然现象，自己无法解释，就将其视为神灵降临或者神迹出现，因而产生了祭祀行为，他们祭祀的主要目的就是祈祷风调雨顺。

在距今3000年左右，中原文化处于一个大变革、大融合的时期，对古蜀文化产生了重要影响。通过文物传递的信息，人们可以发现三星堆先民在接受中原地区文化影响的同时，又有着自己独特的选择和创造。他们善于学习、富于创新，创造了独特的古蜀文化。不可否认，古蜀文化紧密联系中原文化，是多元一体的中华文化的重要组成部分。随着三星堆科学考古工作的持续开展，三星堆将逐渐被揭开神秘的面纱。

青铜立人像反映了古蜀人青铜器的铸造技艺、设计创意，是长江流域青铜文明的典型代表。时至今日，以青铜立人像为代表的中国长江文化的优秀成果，在全球范围内都是独一无二的研究范本。

（编写：何慧敏、马志亮）

中国文化遗产标志
——太阳神鸟金饰

国宝中的长江文化

扫码听故事

收 藏 地：金沙遗址博物馆
年　　代：商周
图片来源：金沙遗址博物馆

2005年8月,从众多候选图案中脱颖而出的太阳神鸟金饰图案,成为中国文化遗产标志。同年10月,绣有太阳神鸟金饰图案的蜀绣,随着神舟六号载人飞船一起遨游太空。2011年12月,太阳神鸟金饰图案又被成都市人民政府公布为成都市的城市形象标识。这令人瞩目的太阳神鸟金饰到底是什么样子?有着怎样的故事?图案又有什么含义?

1 "神鸟"现世

2001年2月的一个下午,在成都市西郊金沙村的工地上,人们发现了距今3000年左右的古蜀国王都遗址——金沙遗址。在约5平方千米的范围内,已经发掘出了大型祭祀活动场所、建筑基址、生活居址、墓地等重要遗存,出土了金器、铜器、玉器、石器、陶器、漆木器、象牙、野猪獠牙等上万件珍贵文物,其中尤以太阳神鸟金饰最为精美、最具代表性。

太阳神鸟金饰由黄金打造而成,含金量高达94.2%,整体呈圆形,分内外两层,外径12.53厘米,内径5.29厘米,厚0.02厘米,重20克,如同纸片般轻薄,大小不到A4纸的一半。正因为它小且轻薄,所以它最初一直待在最早挖出的土堆里,又随着土堆被填回了坑道。直到考古队入驻工地半个多月之后，才终于被一位清理现场的考古队员从一块拳头大的泥块中发现。当它被浸泡在考古实验室的特制药水中，由文物保护人员用镊子小心翼翼地展开后，在场的所有人都惊呆了！

呈现在众人眼前的是线条简约流畅的圆环状镂空金饰，分为内外两层，上面刻有"太阳"和"鸟"的纹饰。内层图案中心是一个镂空的圆圈，周围等距分布着十二条旋转的弧形芒状纹，好像旋转的太阳向四周射出的十二道光芒。外层环绕着四只等距分布、逆时针飞行的造型相同的鸟。四只鸟都引颈伸腿，展翅翱翔，彼此首足前后相接，朝着同一个方向飞行，与内层太阳运动的方向相反，充满强烈的动感。整个图案构图极为严谨，搭配协调，富有极强的

太阳神鸟金饰线图
（图片来源：金沙遗址博物馆）

韵律感，加之用色泽富丽的黄金打造而成，展现出极强的象征意义，给人们以巨大的想象空间。

这件金饰是如何做成的呢？专家无法完全破解其中的奥秘，只能根据金箔的加工过程进行推测。金沙文化时期的古蜀人可能是先把自然沙金加热后反复锤打，形成薄如纸片的金箔，再在金箔上绘制图案，并进行切割和雕刻。其中的镂空纹饰如同一幅剪纸图案，很难全靠手工完成，可能使用了相应的模具。另外，这么薄的金饰，单独使用的可能性很小，可能是贴附到某种器物上使用的。工艺精湛且如纸片般轻薄的太阳神鸟金饰，无疑是古蜀黄金工艺辉煌成就的代表。

2 太阳崇拜

太阳神鸟金饰中的太阳和鸟这一组合生动再现了远古人类的太阳崇拜和"金乌负日"的神话传说。太阳给大地带来了光明和温暖，世间万物也因此充满了生机与活力，所以太阳自然成了以农业为生的古人最重要的崇拜对象。金乌是中国神话中的神鸟，古人认为，太阳之所以会东升西落，是因为有鸟负载着太阳运行。古人常常将太阳和鸟联系在一起，如《山海经》中记载有十个太阳，"九日"在下面的树枝上,"一日"在上面的树枝上,这里的"日"就是指太阳,但又像是在指鸟。在更早出土的陶器上也经常见到绘有鸟和太阳的形象。

太阳神鸟金饰外层四只神鸟围绕着旋转的太阳飞翔,周而复始,生生不息。这与三星堆青铜神树有异曲同工之妙,体现了古蜀人从三星堆文化时期到金沙文化时期一脉相承的太阳崇拜和鸟崇拜。青铜神树上的太阳和鸟是合二为一的,而在太阳神鸟金饰上,太阳和鸟是分开却又紧密联系的,你中有我,我中有你,既对立,又统一,体现了辩证的思想。从形象上看,四只鸟绕着一个太阳,更能给人以"金乌负日"的直观感受。

③ 掌握时间的秘密

太阳神鸟金饰体现了古蜀人的太阳崇拜,同时也表明古蜀人当时可能已经掌握了时间变化的规律。

有学者认为,太阳神鸟金饰内层的弧形芒状纹又像十二弯月牙,代表一年十二个月;外层的每只飞鸟对应三个月牙,表示一个季节有三个月,四只飞鸟代表一年四季的轮回。外层四只飞鸟与内层的一个太阳和十二弯月牙的方向相反,也形象地显示出岁月的流逝。

中国文化遗产标志

太阳神鸟金饰表明,金沙文化时期的古蜀人很可能已经具备了岁(年)、四时(季)、月的概念,并掌握了时间变化的规律。他们已经知道"岁"与太阳的运行有关,"月"与月亮的运行有关。这表明金沙文化时期的古蜀历法并不落后于中原历法。较之三星堆青铜神树代表一年十个月的比较原始的太阳历,这显然是飞跃式的进步。古蜀人应该借鉴了中原地区和其他地区的历法,当时长江上游的古蜀文化已经初步融入了中华文明的海洋。

环绕太阳飞翔的四只神鸟反映了古蜀先民对美好生活的向往,金饰整体完美的圆形图案寓意团结、和谐、包容,圆形的围合也体现了保护的概念。这件太阳神鸟金饰,是研究商周时期居住在长江上游的古蜀先民金器制作工艺以及深层次的意识形态的重要实物资料。

(编写:汪琬、马志亮)

"錞于之王"
——虎紐錞于

国宝中的长江文化

扫码听故事

收 藏 地：重庆中国三峡博物馆
年　　代：战国
图片来源：重庆中国三峡博物馆

2010年1月5日晚，世界上第一套能够用于演奏的仿古编錞出现在长沙湖南大剧院的新年音乐会上，并首次正式对外"发声"，为新年献礼。这套编錞是根据中国古老的巴民族所使用的一种名叫錞于的乐器复原并组合而成。錞于，也叫"錞"，是中国古代的一种铜制打击乐器，产生于春秋时期的黄河流域，战国时期由生活在长江上游地区的巴民族大规模制作和使用，因为声音洪亮，多用于指挥军队进退，经常和铜鼓配合使用，后来也广泛运用于庆典和祭祀活动。在重庆中国三峡博物馆，就保存着一件镇馆之宝——虎纽錞于。

① 发现"錞于王"

1989年7月，重庆万州甘宁突降暴雨，暴发洪水，甘宁水库水位猛涨，只得夜以继日开闸泄洪。洪水过后，一件造型古怪的器具从水库泄洪道的巨石缝中显露出来。它看上去像一个大铁罐，上方还铸有一只老虎，当地群众纷纷猜测，但谁也说不清它的来历，后来考古工作者赶到现场，才鉴定出这是一件非常重要的青铜文物——虎纽錞于。

这件錞于是战国时期巴人的作品，通体完整，音质优良，造型厚重，形体特大，高68厘米，上径36厘米，底径28厘米，重30千克，因此有"錞于王"的美誉。它整体呈椭圆筒形，铜色青绿有光泽，顶部是沿口向外翻折的平盘，肩部鼓出，腹部向下收缩，下部类似直筒造型，中空壁薄。顶部平盘的正中伫立着一个栩栩如生、不怒而威的虎形纽，老虎身形灵活修长，头部纤瘦，略微抬起，四肢伏低，后腿蜷曲，臀部提高，尾巴卷曲下垂，背部前高后低，无明显利齿，身上还勾画了纹饰，体现了巴人的虎崇拜。虎纽的周围分布着五组奇特的图语：椎髻人面、羽人击鼓与独木舟、鱼与勾连云纹、手心纹、神鸟与四蒂纹。其中的羽人击鼓与独木舟被选取为重庆中国三峡博物馆外墙浮雕的中心图案。这些图语都有着特殊的寓意，不仅体现出巴人对山川河流的敬畏之情，也忠实记录了他们的日常渔猎生活、信仰和文化，是研究巴文化极为重要的资料。

② 多功能乐器

或许有人会提出疑问：虎纽錞于尺寸较大、十分沉重，怎么看也不像是一个乐器呀！其实，錞于不像瑶琴、琵琶之类演奏的是婉转悠扬的乐曲，它是一种军乐器，结构相对简单，不需设置固定的音节、音律，使用时将绳子系在纽上，悬挂在架子上，直接用手或外物击打即可发出声响。

虎纽錞于（顶部）
（图片来源：重庆中国三峡博物馆）

在古时的战场上，錞于经常和铜鼓、铜钲相互配合，用于传递作战指令，指挥军队行动。军队或前进，或后退，或包抄，或突击，都得益于錞于的"声控"指挥。更有甚者，因为錞于能发出雷鸣般的巨响，其激扬高亢的乐声还能够振奋人心，调动士兵的情绪，激发士兵的斗志，鼓舞军队的士气。

当然，除了战场，在其他场合，錞于还有其他用途。它时而出现在贵族的宴会上，收敛起狂放暴躁的性格，发出舒缓低沉的优美乐声；时而悬挂于高高的祭台上，冷眼俯瞰着虔诚祭拜的族人；时而现身于规模盛大的庆典，以浑厚嗓音烘托气氛。

③ 巴文化的象征

　　錞于和巴人有着不解之缘，从它身上，也能一窥巴人文化的脉络。巴人主要活动在四川东部、重庆、湖北西部、湖南西部等地，因为錞于构造简单、铸造容易，易于为青铜铸造水平较低的巴人所掌握。特别是巴人将錞于改造为巴文化样式并赋予其特殊的意义之后，錞于更是被大规模铸造和使用。

　　目前出土的錞于，也以巴人的活动地域最为集中。巴人的錞于依据纽的形式，可划分为虎纽錞于、环纽錞于、桥纽錞于、马纽錞于四种类型。据不完全统计，新中国成立以来，在巴人的活动区域共出土了123件錞于，其中114件是虎纽錞于，约占总数的93%，可见虎纽錞于不仅是巴人青铜文化中最具特征性的器物之一，更可称得上是巴文化的象征。

　　虎纽錞于在巴人中广泛流行，应该与巴人的虎崇拜有直接的关系。巴人源自清江流域，生活在山岭环绕的地区，当地有很多老虎。老虎是百兽之王，力大无穷、勇猛无比，白虎更是上古神话中的四灵兽之一。传说巴人最初的部族首领廪君死后，魂魄化为白虎，于是之后的巴人就把白虎当作保护神，世代崇拜白虎。为了借助老虎勇猛的精神和威武的形象，激发战士们的作战斗志，巴人常常将虎的形象运用到兵器上，诸如虎形铜戈、虎纹铜剑等。随着时间的推移，巴人兵器上的虎纹也越来越细腻生动。

到了战国中晚期，巴人时刻感受着来自东边的楚人和西边的蜀人的威胁。錞于这种声音洪亮、易于制作的军乐器传入后，受到巴人格外的重视。为了表达对祖先的崇敬，祈求战争的胜利，大多数巴人选择将錞于的纽做成虎形，并为它勾画上细腻的纹饰。

公元前316年，北边的秦国趁着巴蜀大战之际，借平乱的名义，接连消灭了蜀国和巴国。很多不愿屈服的巴人，只得踏上了流亡之路，虎纽錞于这种声音洪亮的军旅乐器，也被流亡异乡的巴人视作情感的寄托，用来怀念故土，令子孙后代记住自己的族属，使迁居异乡的巴人在相当长的时间内保存自己的固有文化和习俗。

时至今日，当虎纽錞于之声再次响起，听众的思绪或许能跟随着古老苍茫的乐声穿越千年，重回古巴国，再次感受古朴厚重的巴人文化和璀璨夺目的青铜文明。

（编写：师琴、马志亮）

"汉代第一俑"
——击鼓说唱俑

国宝中的长江文化

扫码听故事

收 藏 地：中国国家博物馆
年　　代：东汉
图片来源：中国国家博物馆网站

俑是古时用以殉葬的偶人，一般为木制或陶制，也有的是石制、玉制或铜制。秦始皇兵马俑众人皆知，汉俑是在秦俑的影响下发展起来的，但又不同于气魄宏大的秦兵马俑。经历过汉初文景之治，富足安定的汉人在制作人俑时并不热衷于追求雄浑威严，而是更加注重传神地表现生活百态，由此出现了大量造型精巧、姿态灵动的说唱俑。东汉击鼓说唱俑就是其中的代表。

① "灵魂"说唱手

在众多的汉代说唱俑中，一件来自天府之国、仅有56厘米高的泥质灰陶说唱俑脱颖而出，它就是1957年出土于四川成都天回山的击鼓说唱俑。

近观这件东汉击鼓说唱俑，可以发现，由于年代太久，俑身上原有的彩绘已经脱落。只见这位身材矮胖、头部硕大的说唱艺人，裹着头巾，蹲坐在地上，他光着胳膊，耸着两肩，穿着长裤，打着赤脚，抬起右腿，左臂夹着一个扁鼓，右手举着鼓槌。恍惚间，似乎看到他敲着扁鼓表演了起来。

快看，他表演得多卖力！嘴角都快咧到耳根了，眼睛都快眯缝成两道弯月了。只见他一边说唱，一边不停地抻脖、含胸、鼓腹、抬腿、扮鬼脸，手舞足蹈，动作极为夸张。细看他的额头，真真是"笑出了皱纹"，真是一位活脱脱的"灵魂"说唱手！

人物面部表情被刻画得生动传神，能使观者产生极大的共鸣，所以，虽然我们无法得知他当时的表演内容，但是可以想象，眼前定格的这一刻，仿佛表演已进入高潮，似乎还能听到在场观众们发出的阵阵笑声和欢呼声。好一幅充满艺术感染力的东汉民间说唱表演场景啊！

被誉为"汉代第一俑"的东汉击鼓说唱俑正是以其生动传神的造型、夸张的雕刻手法成为东汉雕塑艺术的代表，反映了汉代雕塑艺术发展的水平，为学者研究汉代的社会生活习俗、衣着服饰和当时的民间说唱艺术提供了重要的实物研究资料，因此被评定为国家一级文物，现收藏于中国国家博物馆。

② 俳优的"工作"

东汉击鼓说唱俑以写实的手法刻画了一位正在进行说唱表演的俳（pái）优形象。俳优指古代以乐舞谐戏为业的艺人。这一职业大约产生于春秋战国时期。俳优通常个头不高，身材粗短，多由男性侏儒充任。他们侍奉君主，以逗笑的方式为君主排遣无聊，往往是宫廷宴会上表演的关键人物。

汉代非常流行俳优说唱表演，蓄养俳优的风气在皇室贵族、豪富高官中间盛行。俳优往往随侍在主人左右做即兴表演，节目以调谑、滑稽、讽刺的内容为主。在宴会上，主人常令俳优在大型表演的间隙出场，命他们卖力表演。表演时，他们会敲打小鼓给自己伴奏，手舞足蹈地说唱逗乐，各种段子、包袱张口就来，瞬间逗翻观众，带动全场气氛。他们虽然身份低微，却在艺术方面留下了宝贵的财富，丰富了中国艺术的宝藏。说唱俑塑造的就是这些滑稽

东汉陶说唱俑
（图片来源：四川博物院）

戏演员的形象。

安定、富庶的四川地区，出土了许多类似的说唱俑，如四川博物院藏东汉陶说唱俑和成都博物馆藏陶俳优俑等。"说唱"是中国曲艺艺术的主要特征，但是它的起源，目前仍无从考察。这些种类繁多的四川汉代说唱俑，可以拼接出一幅绚丽多姿的汉代四川民间说唱艺术全图，对于进一步研究中国古代表演艺术有着重要的价值。

③ 说唱俑的前世今生

东汉击鼓说唱俑不但造型奇特，它的出土经历也非同一般。因为它出土的地方并不是寻常的地下墓葬，而是一处悬崖墓穴。

1957年的一天，考古工作者在四川成都天回山的悬崖上发现了一个墓穴。这座墓穴不同一般，它建在悬崖之上，是一个"崖墓"。崖墓是中国古代一种奇特的墓葬形式，即将棺木送到悬崖峭壁上的墓室中安葬。古人为什么要把棺木安放在悬崖峭壁上？击鼓说唱俑又为何会在此出现？

对此，有关专家作了这样的推断：早在原始社会时期，当地先民为了适应多山的环境，多居住在悬崖、高山的天然山洞或人工开凿的山洞中，死后就被埋在生前居住的山洞或附近。到了两汉时期，由于文化交流的频繁和厚葬风气的盛行，富裕之家采取了新式厚葬方式，即在悬崖上开洞后，用砖石打造墓室。另外，古人讲求事死如事生，这些富人们下葬时，亲属大都会把他们生前的各种用品葬于墓中，以便他们在身后世界继续享用。击鼓说唱俑的墓主，想必生前是酷爱说唱艺人表演的，所以在他死后，亲属们让人打造了这件惟妙惟肖的击鼓说唱俑作为陪葬品，期许它能够继续逗墓主开心，永世相伴。

中国古代陶俑中的精品不胜枚举。这件击鼓说唱俑让厚重的历史变得活泼生动，它独一无二的艺术感染力，不仅能让人们领略东汉工匠高超的雕塑技艺，还能让人感受古蜀人笑对人生的乐观精神。千年以来，击鼓说唱俑"微笑"着展现巴蜀文化的独特魅力。

（编写：张彩琴、马志亮）

古代建筑的"活化石"
——乌杨石阙

国宝中的长江文化

扫码听故事

收 藏 地：重庆中国三峡博物馆
年　　代：东汉
图片来源：重庆中国三峡博物馆

在重庆中国三峡博物馆大厅中庭，矗立着一对造型独特、纹饰精美的石阙。这对石阙就是该馆镇馆之宝之一的乌杨石阙。它们像两个威严的士兵，守卫在博物馆内；又好像两个迎宾员，静候着游人的到来。

巴蜀文化

① 乌杨石阙发现记

阙是古代宫殿、祠庙和陵墓前的建筑物，通常左右各一个，建成高台，台上为观楼。用石料凿成的阙被称为"石阙"。乌杨石阙因发现于重庆市忠县乌杨镇而得名，它最初是如何被发现的呢？这要从一位煤炭搬运工人"坚守"的故事说起。

乌杨石阙
（图片来源：重庆中国三峡博物馆）

重庆市忠县古称"临江",是一座拥有悠久历史的古城。当地有一位叫王洪祥的煤炭搬运工,他爱好民间文艺,热衷钻研中医,人称"草药王"。1998年8月的一天下午,王洪祥来到县城西南乌杨镇长江边的一座小山上采药。由于洪水冲刷,这一带的泥土变得疏松,以致他用力扯草药时引起了泥土坍塌,露出两块有人工凿刻痕迹的石头。出于好奇,他开始在左边的石头旁挖了起来。挖了两天,终于挖出一块巨石,上面刻着一个口衔圆环的怪兽头,以及朱雀立于弓弦上的图案,侧面还刻有长约3米的白虎。王洪祥联想到大禹治水的传说,心想这说不定是大禹治水时用来镇水妖的石头。第三天一早,他和妻子又在右边的石头旁挖出了第二块巨石,上刻有一条长约3米的青龙。王洪祥认为这可能是文物,于是拨打了县文管所的电话,但一直无人接听,后来去文管所找相关工作人员也没找到。王洪祥坚信这些石头是很重要的东西,决心要把它们保护好。他曾阻止了一个石匠对石头进行凿打,为了防止石头再遭破坏,他还把挖出来的泥土又填了回去。平时一有空,他就会回来看一下,遇到下雨,他还会来补充被雨水冲走的泥土,并找来杂草掩盖,以免被人发现。就这样,王洪祥守护了这堆"石头"将近三年。

2001年6月,王洪祥抓住县文管所副所长曾先龙来乌杨镇调研的机会,向他汇报了自己的发现。曾先龙现场查

乌杨石阙左阙顶盖　　　　乌杨石阙左阙身铺首

（图片来源：重庆中国三峡博物馆）

看后立即向上级汇报。6月下旬，重庆市文物考古所与忠县文管所开始对乌杨石阙进行抢救性发掘。到12月，完成了构件的发掘，共挖掘出主要石阙构件14件，阙体崩裂小残片86块。石阙上的图案保存完好，既有生活场景，又有神话传说和飞禽走兽。随后，考古工作者又确定了乌杨石阙原本所在的位置。2002年4月，石阙构件被人们运到正在兴建中的重庆中国三峡博物馆，安置在博物馆大厅的中庭。

② 连接逝者与神明的石阙

乌杨石阙为仿木结构的重檐庑殿顶双子母石阙，石质为砂岩，母阙高5.4米，子阙高2.6米，总重超过10吨。乌杨石阙整体造型巍峨挺拔，左右结构对称，左右两阙的规格尺寸几乎一样，自下而上由台基、阙身、楼部和顶盖四大部分构成。在乌杨石阙的阙身上，刻有约3米长的青龙、白虎像，以及朱雀图案，展示了古代高超的雕刻技艺。此外，阙身还配有丰富的图案，如狩猎图、习武图、送行图、雄鹰叼羊图等，既生动传神，又恢宏大气，再现了汉代人的生活场景。

乌杨石阙左阙身凤鸟与斗拱

乌杨石阙左阙楼部画像石刻

（图片来源：重庆中国三峡博物馆）

古代人为什么要修建阙呢？阙最初是一种修在院墙两侧的建筑，一般用木头或石头筑成，可以登临眺望。左右两旁各一尊的称"双阙"；像乌杨石阙那样，在大阙旁边再建一个小阙的，称"子母阙"。随着时代的发展，阙渐渐成了身份的象征。据史书记载，西周时已有阙，但现存最早的阙是汉代石阙。汉代是阙发展的鼎盛时期，当时宫殿、祠庙、陵墓、衙署和贵族宅邸的前面都可以按照主人的身份等级建造相应的阙。汉代人将阙中间的路视为升天的神道，认为阙可以连接逝者与神明，因而十分流行在墓地或祠庙前建阙，现存的汉阙都是祠庙或墓地前的神道阙。

汉代的木结构建筑目前无一幸存，四川、重庆出土的石阙大多数是仿木结构的，充分展现了巴蜀地区当时主流木构建筑的形象、结构与装饰。乌杨石阙作为汉阙中保存最完好、最具代表性的仿木结构阙，可谓汉代建筑的"活化石"。

③ 石阙主人身份之谜

乌杨石阙的图案十分丰富，但没有一个图案可以佐证阙主的身份。所以，人们并不知道阙的主人是谁。发掘乌杨石阙之后，专家们推断，位于阙址后面的花灯坟墓区，应该葬着一位官职很高的人，他可能就是乌杨石阙的主人。

为确定乌杨石阙的主人，考古队还对花灯坟墓区进行了发掘，但发现这里的墓室已经遭到严重破坏。至于墓的主人是谁，缺乏文字等直接证据和实物资料，无法确认，这也成了一个没有办法弥补的遗憾。

有专家推测，这对石阙的主人可能是三国时期蜀汉的大将严颜。严颜是东汉后期益州牧刘璋的武将，出生于临江县（忠县的古称），曾被张飞用计俘获，但宁死不降，最终感动张飞，张飞亲自为他解开捆绑着的绳索。严颜后来归顺刘备，死后被刘备追封为"壮烈将军"，归葬故乡。乌杨镇旁边有条将军溪，溪旁有一个将军村，都是为纪念严颜而得名。

时至今日，专家们仍然无法确定乌杨石阙的主人是谁。但乌杨石阙作为目前保存最为完整的汉代石阙，以其独特的建筑风格成为巴蜀文化的代表之一，对研究中国古代巴蜀地区的雕刻工艺、丧葬习俗、建筑艺术、社会生产等都有着不可估量的价值，是中华民族重要的文化遗产。

（编写：张彩琴、马志亮）

荆楚文化

  荆楚文化是悠久的中华文明的重要组成部分，在中华文明发展史上地位举足轻重。在长期的发展过程中，荆楚文化融会贯通南北文化差异，形成了包容与开放的气度、鲜明的地域特色。荆楚大地位于长江中游地区，长江滋养了荆楚文化，荆楚文化也是长江文化的典型代表。这里有以石家河文化为代表的史前文化，有以盘龙城、楚国、曾国出土文物为代表的青铜文化。本书选取石家河玉凤、大玉戈、曾侯乙编钟、彩绘人物车马出行图圆奁、《太一生水》竹简、鄂君启节、虎座鸟架鼓等国宝级文物，带领大家一同领略古楚地人民的智慧和荆楚文化的浪漫。

"中华第一凤"
——石家河玉凤

国宝中的长江文化

收藏地：中国国家博物馆
年　　代：新石器时代晚期
图片来源：中国国家博物馆网站

在藏有8万多件玉器的中国国家博物馆，一件简约而优雅的凤形玉器成为"王者"，在该馆的常设展览——"中国古代玉器艺术"展览的官网上，它力压其余近300件精美玉器，成为官网首页的唯一玉器，它就是石家河玉凤。石家河玉凤为何会如此特别？它到底有着怎样的价值？

> 荆楚文化

① 石家河"飞"出了一只凤

1954年夏，长江流域发生了特大洪水，长江中下游地区变成一片泽国，位于湖北省天门市的石家河镇也遭受了洪水的袭扰。洪水退后，当地政府立即着手加强水利工程建设。1954年冬天，工人们在施工时发现多处工地疑似古代文化遗址。得到消息后，湖北省文物部门与中国科学院考古研究所联合成立文物工作队赶赴石家河一带进行考古工作。工作队很快就确认石家河镇有多处重要的古文化遗址，经过连续几个月的紧张挖掘，一个新石器时代晚期文化遗址——石家河遗址，逐渐被揭开了神秘的面纱。

石家河遗址的核心区域位于今天的江汉平原一带，总面积达8平方千米。遗址中有一座面积近350万平方米的石家河古城，是长江中游同期最大的古城。考古学家研究后认为，当时城内生活着3万~5万居民。遗址中有紧密相连的房屋、高耸坚实的土台，还有大量文物，生动地向人们展示了石家河先民生活的情景。在石家河罗家柏岭一处土台附近，考古工作者发现了40多件玉器，包括玉人像、玉蝉、玉龙等，其中一件凤鸟形象的玉器尤为引人注目，它就是后来被誉为"中华第一凤"的石家河玉凤。

② 史前玉器的巅峰之作

凤凰是古代传说中一种高贵又美丽的吉祥鸟，它头有高冠，尾羽宽大，色彩斑斓，样子近似孔雀，为百鸟之王，古人称其雄性为"凤"，雌性为"凰"。

石家河玉凤产生于新石器时代晚期，距今4000年左右。它的最大直径为4.9厘米，厚0.6~0.7厘米。远古的先民们在一种叫作透闪石的软玉上，采用镂空雕刻的方法，制作完成了这件精美的玉器。这只玉凤首尾相接，整体呈圆形，所以它又被称作"玉团凤"。它脑袋细长，圆眼尖嘴，双翅较短，微微张开，姿态优雅娴静。凤尾分为双叉，细长卷曲，一直延伸到嘴巴的上面，好似凤鸟正在梳理自己漂亮的羽毛。它的翅膀上还装饰有几道凸起的线条。石家河玉凤造型秀美，线条流畅，注重细节，整体给人以细密、流畅、回转的感觉。

石家河玉凤

石家河玉凤是新石器时代晚期长江中游地区玉文化的杰出作品，堪称中国史前玉器的巅峰之作，代表了石家河文化的琢玉水平。因为制作十分精美，20世纪50年代的考古工作者不敢相信这件玉器竟然制作于新石器时代，以至于当时发表的发掘简报称它是西周时期的玉器。后来，随着石家河遗址考古发掘的深入，人们才意识到，新石器时代长江流域的玉文化竟然如此发达！中国国家博物馆官网对石家河玉凤的评价是："从目前考古材料得知，石家河出土的玉凤是目前所知较早的凤形象，开凤纹之先河。"

③ 独树一帜的玉文化

玉是一种美丽的石头，与它相关的成语有很多，比如

"玉树临风""金玉良缘""化干戈为玉帛"等,不难发现,人们喜欢用玉来代表美好的事物。中国是最早制作玉器的国家,早在距今8000年左右,生活在内蒙古和辽宁地区的先民就开始制作玉器,并喜欢将玉器作为陪葬品。截至目前,内蒙古自治区兴隆洼遗址出土的玉器已超过百件。在新石器时代早期,长江中游彭头山地区的先民就开始制作精美的玉石饰物。随后,玉器在中华大地上"开枝散叶",人们用玉石加工成贵重物品,如祭祀过程中用的礼器、贵族或文人用的印章等,玉器逐步成为权力、地位和财富的象征,由此中国形成了独树一帜、繁盛至今的玉文化。

妇好墓玉凤

(图片来源:中国国家博物馆网站)

石家河玉凤形象饱满，与楚文化中的凤鸟形象十分接近，它的造型影响了中国后来几千年凤鸟艺术的发展，因而被誉为"中华第一凤"。

石家河玉凤所在的石家河文化不仅是长江流域荆楚文化的源头之一，还与中华大地上的其他文化有交流。以玉器为例，石家河文化遗址出土的玉凤、玉虎等的形象就从长江流域传播到了黄河流域。商代晚期黄河流域的妇好墓玉凤，体形修长高挑，短翅长尾，飘逸洒脱，与石家河玉凤风格一致，不像商代典型玉鸟那般身材粗壮、严肃厚重，而且它使用了与石家河玉凤相同的镂空、钻孔技术，所以专家们认为妇好墓玉凤很可能是石家河文化的遗留物。

石家河玉凤地域特征明显，蕴含着史前时代人们的思想、心理及意识，是长江流域灿烂文化与艺术的象征。石家河玉凤精湛的雕刻技艺、鲜明的审美趋向及厚重的文化积淀，也为中华玉文化增添了独特的光彩。

（编写：汪琬、马志亮）

"玉戈之王"
——大玉戈

国宝中的长江文化

扫码听故事

收 藏 地：湖北省博物馆
年　　代：商代早中期
图片来源：湖北省博物馆

戈是古代的一种兵器，盛行于商周时期。有一个成语叫"大动干戈"，其中"干戈"指盾牌和戈，泛指武器，人们常常用它来指代战争。在中国的很多遗址中，考古工作者发现了大量用玉做成的戈，它们有什么作用呢？我们可以从武汉盘龙城遗址出土的一件文物说起。

荆楚文化

① 长江流域的商代古城

1954年夏天，武汉市遭遇了罕见的特大洪水，为了加高长江沿岸的堤坝，当地的工人们在武汉北部的滠口地区取土抗洪，当时他们并不知道，自己取的土其实是一座3500年前的商代古城城墙的夯土。在取土过程中，有人意外地发现了墓葬和青铜器。当地文物部门得到消息后，立刻派出考古队伍进行踏访。就这样，一座沉睡了3000多年的古城——盘龙城遗址得以重见天日。

武汉盘龙城遗址保护范围有3.95平方千米，是迄今为止长江流域发现的规模最大、出土遗存最为丰富的商代城邑遗址，与黄河之滨的郑州商城遥相对应，有着"武汉城市之根"的美誉。它位于武汉市黄陂区盘龙湖畔，这里三面环水，城墙就建在滨水的高地上，居高临下，视野开阔。在商代，盘龙城是连接长江流域中游与中原地区的交通枢纽，地理位置十分重要。据推测,这座古城在高峰期拥有 3 万人口,是商代除都城以外最大的城市。这里出土的大量陶器、石器、青铜器等珍贵文物,揭示了长江流域拥有灿烂的青铜文明,证明了长江与黄河同为中华文明的摇篮。

考古工作者经过多年的探索,在盘龙城遗址发现了两座宫殿遗址、两座大型建筑遗址、多处手工作坊基址和 50 多座墓葬,出土了青铜器、玉器、石器、陶器等 3000 多件文物,其中有一件商代玉器珍品,被认定为特级文物,它就是大玉戈。

② 目前所见中国最大的玉戈

1974 年出土于盘龙城遗址李家嘴三号墓的大玉戈,看上去又扁又长,颜色为灰白色,局部有褐色的斑点,通体琢磨得光滑润泽,没有任何雕饰。两边开刃,两边薄中间厚,两面中部凸起一条脊,贯通器身,戈锋薄而利,呈三角形尖刀状。据测量,这件大玉戈长 94 厘米,内长 21 厘米、宽 11 厘米,援长 71 厘米、宽 11 厘米,厚仅 0.5 厘米,工艺极为精湛。

大玉戈是商代玉戈文化鼎盛时期的产物。到商代晚期,玉戈的体量逐渐变小,殷墟前期出土的玉戈长度多为

15~20厘米，殷墟后期大多缩短至15厘米以内。西周时期则多数延续商代晚期玉戈的性质和特征，并出现了一些形体很小、制作精巧的小玉戈。春秋战国以后，随着佩饰玉的盛行，原本极具身份象征意义的玉兵器逐渐衰落，玉戈的数量也大为减少。汉代之后，玉戈悄无声息地退出了中国玉文化的舞台。盘龙城遗址出土的大玉戈是目前所见中国历史上最大的玉戈，堪称"玉戈之王"。

③ 以玉为戈的文化内涵

戈既然是一种兵器，为什么人们要用玉这种易碎的原料来制作呢？在战场上，如果对方用的是金属武器，而自己使用的是玉兵器，一旦两兵相接，玉石岂不是立即就破碎了吗？其实，玉戈并不具备战场上的实用价值。专家们仔细观察了盘龙城遗址出土的大玉戈，发现它的刃口非常光滑平整，丝毫没有在战场上使用过的痕迹。既然不是真正的武器，那么玉戈有什么用呢？在中国古代，人们以玉为兵，是将它们作为一种礼仪器具使用，大多用于祭祀或陪葬。玉戈将玉高贵润泽的品质和戈威严杀伐的气息相结合，是权力与地位的象征。

在盘龙城遗址，除了这件大玉戈之外，考古工作者还挖掘出了二三十件玉戈。这些玉戈一般放置在较为接近墓主的位置，出土有玉戈的墓葬一般面积比较大，规格比较高，并且同时随葬有青铜器和其他玉器等礼器。由此可见，玉戈是体现墓主身份、等级的标志物。同时，玉戈的大小也对应墓葬的等级高低。比如大玉戈就出自盘龙城核心区的贵族墓葬群，这些贵族的墓葬不仅分布集中，而且都出土有50多厘米或更长的大型玉戈，说明这些墓主人应该属于当时盘龙城的首领，具有极高的身份地位。

类似大玉戈的玉质礼器在河南商王朝的核心区域也被大量发现，不同地理区域的玉戈在形制与作用上十分相似。学者们认为，盘龙城遗址所表现出的文化类型与同一时期黄河流域的商代遗址具有很大的相似性。可见，3500年前商代的统治范围与文化影响已经连通了黄河与长江两大流域。可以说盘龙城遗址的发现，展现了商文化在盘龙城扎根并向长江流域扩散的历史过程，具有重大的历史意义。

大玉戈整体大气磅礴，玉质精细温润，雕琢细致，线条流畅，显示了商人高超的制玉工艺。作为一种象征着权力和地位的礼仪用玉，大玉戈的出现，证明了盘龙城在商代历史上占有重要地位。

（编写：汪琬、马志亮）

"金道锡行"最早的记载
——曾伯霥簠

国宝中的长江文化

扫码听故事

收 藏 地：中国国家博物馆
年　　代：春秋
图片来源：方勤著《曾国历史与文化》

曾伯霁（qī）簠是一件春秋时期的青铜器，因首次提到关系中原王朝兴衰的"金道锡行"而闻名于世。从这件青铜器的名称来看，"曾"是周代分封的诸侯国名，"伯"是对曾国国君的尊称，"霁"是曾国某位国君的名字，"簠"（fǔ）是古代祭祀时装盛五谷的一种器皿。曾伯霁簠，也就是曾国国君霁所用的簠。目前此簠仅存簠盖，底已失，现藏于中国国家博物馆。

① 辗转流传的曾伯霁簠

簠是先秦时期举行祭祀活动时常用的礼器，类似的还有簋（guǐ），二者的区别在于，簋的器腹多数为圆形，而簠的器腹一般是方形的。在祭祀活动中，二者经常组合使用。簠的器身和顶盖，可以分开作为两件器具使用。簠最早出现于西周早期，盛行于春秋时期，它在楚文化中的地位很高，战国晚期渐渐退出青铜礼器系统。

据学者研究，曾伯霁簠一器一盖大约出土于19世纪初，具体出土时间和地点还有待考证，最初被浙江慈溪一位名叫叶梦渔的人收藏。不知何时，簠器毁于大火，而簠盖几经辗转，曾被宁波的周小崖及斌良收藏，1839年被陈介祺购得。陈介祺（1813—1884）是清代著名金石学家及

曾伯霂簠簠盖及盖内铭文
（图片来源：方勤《曾国历史与文化》，上海古籍出版社2018年版）

收藏家，山东潍县（今潍坊市）人，道光二十五年（1845年）进士，他毕生嗜好金石文字，以收藏毛公鼎、兮甲盘等著名青铜器而闻名。陈介祺对曾伯霂簠簠盖爱不释手，甚至将自己的居所命名为"宝簠斋"，后来还自号"簠斋"，并著有《簠斋尺牍》《簠斋金石文字释》等著作。1951年，陈氏后人陈郭组珍将曾伯霂簠簠盖捐赠给山东博物馆。1959年，为支援中国历史博物馆（今中国国家博物馆）开馆，山东博物馆挑选多件文物运京，其中就包括曾伯霂簠簠盖。

② 国祚永存的寄托

曾伯霂簠的簠盖口长32.8厘米，口宽24.8厘米，高9.4厘米，腹部呈长方形，顶四边有外弧形立墙。盖两侧的双耳已经缺失，簠足呈曲尺形。簠盖通体有纹饰，身、肩、顶部为互相缠绕的夔龙纹，立墙为垂鳞纹。簠盖内壁正中铸有铭文11行，共92个字，包含了大量的历史信息，是迄今为止发现的铭文最多的青铜簠。

曾伯桼簠簠盖铭文拓片

（图片来源：方勤《曾国历史与文化》，上海古籍出版社2018年版）

从铭文开篇的时间记录方式可以看出，春秋早期的曾国仍然认可周王室天下共主的地位。铭文的主要内容是说善良勇敢的曾伯桼，能够消灭淮河流域的敌对势力，控制交通枢纽繁汤，保证了为周王朝供应铜、锡等金属材料的道路的通畅。为了纪念他的伟大功绩，制造了这个簠，用来盛放谷物，祭祀先祖，希望曾国国祚永存，曾国的子子孙孙能将铜簠永远传承下去。

此前，因为收藏曾伯桼簠的陈介祺是山东人，关注曾伯桼簠的学者很容易认为曾伯桼簠来自位于山东地区的曾国（即"鄫国"）。随着长江中游随枣走廊一带曾国墓葬的不断发掘，尤其是2016—2017年苏家垄墓地发现了带有"曾伯桼"铭文的铜壶，以及器形、纹饰与曾伯桼簠类似的铜簠，专家们这才确认，曾伯桼簠是来自湖北地区的曾国。

湖北地区的曾国在哪里呢？历史文献没有记载。该诸侯国的历史是通过考古发掘而逐步被揭示的，这在对周代诸侯国历史的研究中，也是很少见的。1978年曾侯乙墓的发掘，曾掀起曾国历史研究的高潮。随着考古发掘的不断推进，大部分学者达成共识，湖北地区的曾国就是史书上记载的随国，它的主要活动范围在今天的枣阳、京山和随州一带。

③ "金道锡行"的见证

曾伯桼簠为什么会广受学界重视呢？答案就藏在曾伯桼簠的铭文中。

曾伯桼簠簠盖的铭文中有"金道锡行"四字，这是什么意思呢？古代文献中常称商周时代的青铜为"金"或"吉金"，锡则是铸造青铜器不可缺少的一种原料，"金道锡行"就是指南方铜、锡原料北输中原的路线。先秦时期，黄河流域虽然也分布着一些铜矿，但并不能满足中原王朝对铜料的需求，并且黄河流域严重缺乏锡矿。当时长江中下游地区则盛产锡，湖北东南部的大冶、鄂州、阳新等地还分布有铜矿。因此，中原王朝为了获得足够的铜、锡原料，必须控制长江中下游铜、锡矿区之间的水陆交通，久而久之，就形成了"金道锡行"这个专有名词。

周代分封在随枣走廊上的诸侯国曾国，作为连接南北及控扼江汉、淮汉的重要枢纽，在阻挡汉江以西的楚人向东、北扩张的同时，也承担着控制"金道锡行"、为周王朝转运铜锡原料的使命。到了曾伯桼所在的春秋早期，周王朝虽然已经日渐衰落，但仍然得到曾国的认可，再加上中原各诸侯国对铜、锡原料的需求量依旧很大，曾国为了谋求自身利益，也会想办法保证能稳定地获取铜、锡原料，于是就有了簠盖铭文中曾伯桼率军攻打淮夷（即"克狄淮夷"）以保持淮河一带"金道锡行"畅通的记载。

曾伯桼簠是研究曾国历史的重要实物资料，其簠盖所刻铭文证明了长江流域铜、锡原料运往中原地区的"金道锡行"线路的存在，具有极高的史料价值，对研究春秋时期长江流域与中原地区经济、社会、军事的互动具有重要意义。

（编写：何慧敏、马志亮）

改写世界音乐史的稀世珍宝
——曾侯乙编钟

国宝中的长江文化

扫码听故事

收 藏 地：湖北省博物馆
年　　代：战国
图片来源：湖北省博物馆

1978年,湖北省的考古工作者在随州擂鼓墩发掘了一座距今2400多年的战国大墓,该墓出土了各类文物一万余件,其中最令人惊叹的一件文物便是迄今考古所发现的数量最多、重量最重、铸造最精美、保存最完整、音乐性能最好的青铜乐器——曾侯乙编钟。

① 震惊世人的重大发现

1977年9月,在湖北随县(今湖北省随州市曾都区)一个小土包上驻守的空军部队开始扩建营房,工人们用铁镐平整土地时,发现红色的土壤中渐渐出现了褐色泥土。主管工地施工的王家贵平日听过一些历史传说,对考古也比较感兴趣。他听闻工地上挖掘出了褐色泥土,顿时脑子里涌现出一连串的疑问:"这会不会是古代墓葬的封土堆?如果地下是一座古墓,那这座古墓的墓主又会是谁?墓里会不会有精美的文物?"

随着施工的继续进行,工人们也不断挖出一些长得像车轮轴头的"破铜烂铁",

曾侯乙墓发掘现场
(图片来源:湖北省博物馆)

一些工人还私自把它们当作废品来卖。得知这个消息,王家贵又气又急,他觉得这些"破铜烂铁"可能出自古墓的车马坑。于是他跑了三趟县城,终于请来了考古专家。

考古专家到工地探查后,认为下面可能是座上千年前的古墓。经过7个多月的准备,1978年5月11日,紧张的考古挖掘工作正式开始。

5月17日,随着指挥人员的口令和重型起重机的轰鸣,沉睡2400多年的先秦大墓就此重现人间。考古工作人员发现,部队施工打的炮眼距古墓顶层仅差80厘米,只要再放一炮,这座藏着千年奇珍的古墓就会永不存在了。古墓打开后,众人看到的竟然是一个200多平方米的"游泳池"——墓中全是水。5月22日午夜至5月25日午夜,伴随着抽水机的马达声,水位缓缓下降,眼前出现的景象让

曾侯乙编钟在墓室中的情况
(图片来源:湖北省博物馆)

在场的所有人震惊不已：一套规模宏大、气势磅礴的青铜编钟沿墓室的南壁和西壁有序安放，基本保持着下葬时的模样。这套青铜编钟就是曾侯乙编钟。从编钟上的文字可以得知，墓主人是战国早期曾国国君"乙"，下葬年代在公元前433年或稍晚。与编钟同时出土的还有编磬、鼓、瑟、琴、笙、篪、排箫等8种125件乐器。

② 华夏正音的青铜乐器

现藏于湖北省博物馆的曾侯乙编钟，除了木架和部分挂钩是复制品外，其余都是真品。它一共有65件编钟，编成8组，分别悬挂在3层钟架上。编钟钟架长7.48米、高2.65米。编钟上层为3组，共19件纽钟；中、下层共5组45件甬钟，下层中间插入一件楚惠王熊章赠给曾侯乙的镈（bó）钟。承托起整套编钟的是6根佩剑武士造型的铜柱和8根圆柱，武士们穿着长袍，束腰带，神情肃穆，袍子上的褶皱仍清晰可见，可见铸造技术之高超。武士的脚下是半圆形的底座，共雕刻着16条大盘龙和许多条小龙，令人眼花缭乱。曾侯乙编钟造型奇特、工艺精湛、纹饰华美，集先秦青铜制造技术之大成，反映了中国当时极高的青铜冶铸水平。

曾侯乙编钟的每件铜钟都具备"一钟双音"的特征，

楚王熊章镈钟
（图片来源：湖北省博物馆）

曾侯乙编钟标音铭文"宫角"
（图片来源：湖北省博物馆）

敲击正面和侧面会发出不同的声音。这是因为铜钟都不是一次铸成的圆钟，而是用两个半片钟拼合铸就的。"一钟双音"使得编钟能够发出更多、更广的声音，整套编钟音域可跨五个半八度，中心音区十二个半音齐备，能演奏五声、六声或七声音阶的乐曲。曾侯乙编钟是现今世界上已知最早具备了十二个半音音阶的大型乐器，它只比现代的钢琴少一个八度，用来演奏中外名曲完全没有问题。

此外，考古工作者还在铜钟、钟架和挂钩上发现了有关音乐的铭文3755字。曾侯乙编钟以声音和文字互相印证的方式，保存了2400多年前人类的音乐记忆。它的出土破除了所谓"中国的七声音阶是从欧洲传来"的说法，改写了中国音乐史乃至世界音乐史，其价值是无法衡量的。

③ 礼乐制度的代表之作

周代的礼乐文明高度发达，贵族在各种祭祀、典礼和宴会上都需要演奏音乐，同时还渐渐地形成了一种礼乐等级制度，即处于某一等级的人才能享用这一等级的礼乐。如在乐舞规模方面，周天子能够享用 64 人的乐舞表演规模，而诸侯、大夫、士分别只能享用 48 人、32 人、16 人的乐舞表演规模。在乐队演奏方面，周天子可以享用"四面之乐"，诸侯则享用三面排列的乐队规模，卿和大夫享用两面排列的乐队规模，士只允许享用一面排列的乐队规模。曾侯乙编钟出土时位于墓室的南壁和西壁，而北壁还悬挂一组编磬，正好符合诸侯享用三面排列乐队的礼制。可以说，曾侯乙编钟正是编钟鼎盛阶段的经典之作，是周代礼乐制度的代表。

曾侯乙编钟是古代荆楚劳动人民勤劳和智慧的结晶，也是荆楚文化对中华文明所做出的杰出贡献。它的出土从侧面反映了荆楚文化丰富多彩的音乐文化生活，也反映了编钟作为具有强大音乐功能的器物，早已成为礼乐制度中不可或缺的一环。

（编写：张彩琴、马志亮）

绘有中国最早"连环画"的楚式漆器
——彩绘人物车马出行图圆奁

国宝中的长江文化

扫码听故事

收藏地：湖北省博物馆
年　　代：战国
图片来源：湖北省博物馆

随着生活水平的提高，越来越多的人喜欢在闲暇时约上三五好友，或开车或步行外出游玩，好不惬意！你能想象古人出行是怎样的场景吗？在湖北省博物馆里就有这样一件国宝，用连环画的形式为人们呈现了战国时期贵族出行和迎宾的完整场景，它就是彩绘人物车马出行图圆奁。

① 彩绘漆奁的出土

奁是古代盛梳妆用品的器具，一般是圆形，流行于战国至唐宋时期，相当于今天的梳妆盒。彩绘人物车马出行图圆奁1986年出土于湖北荆门包山楚墓，是战国时期楚式漆器的代表。

包山墓地位于楚故都纪南城北约16千米处。1986年，为配合荆（门）沙（市）铁路建设工程，考古工作者对包山墓地进行了发掘。其中的2号墓为战国中期楚墓，墓主是楚昭王的后裔，名叫昭㲹，他的身份相当于大夫一级的贵族，曾担任楚国的左尹。左尹是楚国的司法大臣，辅助楚王处理楚国的要案。他大约在公元前316年去世，下葬的时候，墓内随葬了各类器物约2000件，其中就包括两件漆奁。

出土的时候，彩绘人物车马出行图圆奁中约三分之二的空间都填满了花椒，另有两面铜镜、一个搽粉饰、两件骨笄（笄是古代人用来束发的簪子）等物品。花椒可能是作为香料来使用的，其余物品是日常梳妆打扮的用具。由此可以看出古人对仪容的重视。

② 中国现存最早的"连环画"

彩绘人物车马出行图圆奁通体内涂红漆，外涂黑漆，用深红、橘红、土黄、棕褐、青等色彩彩绘纹饰。其中盖外壁上、下各绘有一周红色带纹，带纹之间所绘就是人物车马出行图，整幅图画保存较为完好。

作为一个圆形漆奁的外壁，彩绘人物车马出行图根据器物的外壁形状，采用了横向平移视点的长卷构图，是通景式的绘画表现形式。它整幅通长87.4厘米、宽5.2厘米。画面中共有二十六个人物、四乘车、五棵树、十匹马、九只鸟、两条狗和一头猪，它们共同构成了一幅清新隽永的生活画面。

按照古人的阅读习惯，画面应是从右往左展开，以五棵树作为隔断，将画面分隔为初行、驱驰、出迎、相见以及一幅过渡画五个场景，首尾连贯，衔接自然。

场景一为初行。

本段描绘贵族出行的初始场面。画面中有三匹马拉着一辆车,车上共有三人,包括驾车者(即御者)、侧立者以及正立者。其中身穿黄色衣服、高冠博带的正立者应该是身份地位最高的人。车后有一人随行,手中拿着一柄殳(shū,古代的一种兵器),他是出行的护卫。画中随行者步履较为安闲,马匹配饰下垂,因此可以推测这是车马队伍出行之始。

场景一

场景二为驱驰。

此段绘有两车十一人。前车由三匹马拉着,车上有三个人乘坐,同时还有一面旌旗。当时的贵族在出行时,通常要以旌旗表明身份,身份不同,所用的旗帜也有差异。车后跟随着一名持殳的护卫,护卫后面是奔跑的三名随从。后车由两匹马拉着,车上也是乘坐三个人,其中一人驾车,车上也有旌旗随风摇曳。从画面中三名随从大步前行及马匹配饰、旌旗飘扬的形态可以看出,这是出行途中策马驱驰的场景。左侧树下有一个人跪在地上下拜,可能是访问对象派来迎接、引导出行队伍的人员。

场景二

场景三为出迎。

本段描绘的是列队迎接宾客的场景。图中共有五人，右侧三人侍立在道路旁边，左侧的两个人衣服飘曳、气宇轩昂地向前走，其中前面的人应当是上面车马队伍的访问对象。

场景三

场景四为相见。

本段描绘了主宾相见的场景。自左而右，两个随从走在前面，第三个人应该是被拜访的人，即场景三中的贵族。与他相对站立的是访问者，即场景一、二中乘坐马车的黄衣贵族，身后是他的侍从，以及驾车的御者。马右侧还有一条狗，这条狗的主人应该是受访者，面对陌生的来客，它似乎在狂吠不停。

场景四

场景五为过渡画。

本段图中仅绘有奔跑的猪和狗各一只,与其他场景无直接关系。

场景五

方寸之间尽显生动画面,彩绘人物车马出行图不愧为目前中国最早的长卷通景式"连环画"。实际上,彩绘人物车马出行图画面展示的只是相关场景的核心部分。利用有限的空间表现足够丰富的内涵,一方面使画面结构紧凑、重点突出,另一方面也节约了绘画者的精力和原材料。画面上的人物衣冠楚楚,出行者旌幡招展、队伍井然,出迎者尊卑有序、恭敬不怠,相见时宾主双方各居其所、端庄有礼,为研究战国时期楚国的服饰特征、文化内涵、审美价值以及相关礼仪活动提供了最直接的图像资料。同时,整个画面流畅自然,色彩鲜明亮丽,表现了中国古人连绵不绝的时空观,是楚式漆器中一件难得的艺术精品。

③ 楚式漆器的代表作

漆器在中国有着悠久的历史，它物理性能良好，实用价值广泛，艺术张力强烈，历来深受人们的喜爱。楚人钟爱漆器，楚式漆器不论是器类还是数量都远超列国，其夸张奇异的造型、多彩灵动的图饰、瑰美富丽的色彩、恣意张扬的个性、神秘奇特的风格、奇巧精湛的制作工艺，集中体现了楚文化强烈的浪漫主义特色，是漆器工艺的一个高峰，成为楚文化中一个鲜明的符号。

楚式漆器的种类很多，大多数都是实用器，也有一些工艺品和丧葬用品。彩绘人物车马出行图圆奁就是一件生活中的实用器具。遗憾的是，该圆奁目前仅存绘有图画的漆皮。不过，即使2000多年过去了，圆奁上的漆画出土时依旧保持着鲜艳的色彩。它代表了春秋战国时期长江流域乃至整个中国漆器和绘画艺术所能达到的顶峰，而在梳妆盒上绘制"连环画"，也反映了楚地先人独特的审美趣味。

（编写：张彩琴、要二峰）

古老的"特别通行证"
——鄂君启节

国宝中的长江文化

扫码听故事

收藏地：中国国家博物馆、安徽博物院
年　　代：战国
图片来源：中国国家博物馆网站

珍藏于中国国家博物馆、安徽博物院的国宝级文物鄂君启节，是战国时期的"免税通行证"。鄂君启节中的"鄂"为地名，是楚国封君鄂君的封地。"启"是战国楚怀王时鄂君的名字。"节"指符节或信物，古代使者所持以作凭证，有金、铜、玉、角、竹等不同质地，又有虎形、人形、龙形、竹节形等不同形状。

① 神秘的青铜竹片

1957年4月，安徽寿县九里圩正如火如荼地进行复堤工程，两个工人来到一处叫邱家花园的地方取土。突然，一声金属碰撞的脆响从正在取土的铁锹下传来，裸露的泥土中出现了小半截金属铜片。工人小心翼翼地把金属铜片挖出来，发现铜片像被剖开的竹片，一段竹节似的纹路将其分为上下两段，上面还刻满了看不懂的金色文字。紧接着，工人又在附近挖出了3个相似的竹节形铜片。他们只知道这是古代贵重的宝物，却不知道到底是什么。当年冬天，当地的文物普查工作队一行人来到这里发现这些铜片时，都震惊得说不出话来。原来，这些铜片是战国时期的青铜器，而上面的错金文字，则是战国古文字。根据释读出来的铭文内容，青铜竹片被命名为"鄂君启节"。这

4件青铜器随后被收藏到安徽省博物馆（今安徽博物院）。三年后，又有1件鄂君启节在距离寿县几十千米的蒙城县被发现。随着专家们研究成果的披露，这些铜片被慢慢揭开了神秘面纱。

按照尺寸大小及铭文内容，这5件鄂君启节分为两组：第一组为舟节，共2件，分别发现于1957年、1960年；第二组为车节，共3件，均发现于1957年。鄂君启节的铭文均为九列，以八条阴纹直线分隔，舟节铭文有164字，车节铭文有148字，每组的铭文内容相同。目前，这5件鄂君启节分藏于两处，中国国家博物馆藏有车节、舟节各1件，安徽博物院则藏有车节2件、舟节1件。根据中国国家博物馆网站提供的数据可知，舟节长30.9厘米，宽7.1厘米，厚0.6厘米；车节长29.6厘米，宽7.3厘米，厚0.7厘米。

每件节上的铭文均采用错金工艺。错金工艺是中国古代非常精细的青铜装饰工艺，先在青铜器表面刻铸出浅凹的纹饰或字形，再在浅槽内嵌入细薄的金丝或金片等，最后将青铜器表面打磨光滑。

有考古工作者根据鄂君启节的弧度拼合推测，当时舟节和车节各有5件，合而为一，分则为五；至于舟节和车节缺失的原因，则有可能是鄂君启节制好之后，一部分给了颁发对象，另一部分则由楚国官方保存，便于以后查验核对。当然，关于这个问题其他学者还有不同意见，尚未形成定论。

楚国的鄂君启节为什么会出现在安徽寿县呢？史书记载，公元前278年，秦将白起率军攻破楚国都城郢之后，楚国被迫迁都于陈；公元前241年，为了躲避秦国的锋芒，楚人再次东迁，定都寿春，直到被秦国灭亡。寿春即现在的安徽寿县，作为楚国最后的国都，这里自然保留了大量与楚人有关的遗迹、遗物。

② 暗含玄机的铭文

鄂君启节是什么时候制造的？它们是颁发给谁的？颁发目的又是什么呢？这些问题的答案，都藏在铭文之中。

舟节和车节的首句均是"大司马卲阳败晋师于襄陵之岁"，点明了鄂君启节的制作时间。这一句正好与《史记》中的记载相对应。《史记·楚世家》记载，楚怀王六年（公元前323年），楚国派昭阳率军攻打魏国，并在襄陵这个地方获胜。鄂君启节中的"卲阳"，也就是《史记》中的"昭阳"；"晋师"，指的就是魏国军队。春秋末年，晋国被韩、赵、魏三家瓜分，其他诸侯国有时称魏国为晋。因此，考古学家就确定了鄂君启节的制作时间应该是在公元

鄂君启车节铭文摹本

（图片来源：中国社会科学院考古研究所编《殷周金文集成》
第十八册，中华书局1994年版，第355页）

前323年，由当时的楚怀王颁发给鄂君启。

铭文还指出，舟节为水路通关免税凭证，规定若载马、牛、羊等牲畜须到大府缴税，一次运输船队的规模不超过150艘，行进路线涉及今汉江、长江、湘江等。车节为陆路通关免税凭证，可以运输除金属、皮革、弓箭等军事装备以外的货物，一次运输规模不超过50辆，行进路线涉及今河南、湖北、湖南、安徽等地。铭文记载，见到节不征税，不见则征。此外，铭文中还写了关于"返"的规定。对于这点，学者们有不同的意见。有人认为，这是规定节的有效期为一年，鄂君启每年必须交还节，经审核没有违规事项，再由楚王批准发放。也有人认为，这是对鄂君启的船队和车队一年内只能往返一次的规定。

楚王为什么要如此细致地规定节的使用方法呢？其实，这是古人管理国家的一种重要方法和手段。当时的楚国采取的是封君制，楚王为了维护自己的权威、保障国家稳定，既要采取手段拉拢人心，又要将权力牢牢抓在自己手中。所以，对鄂君启这样的贵族，楚王既给予他免税的权利，又详细规定了所使用的车船数量、运输路线、贸易范围和免税种类，特别还严格禁止贩卖军用物资等。归根结底，这是楚王维护王权、限制封君、巩固统治地位，从而保障国家安全稳定的重要方法。

鄂君启节的发现，为研究楚国的水陆交通、经济贸

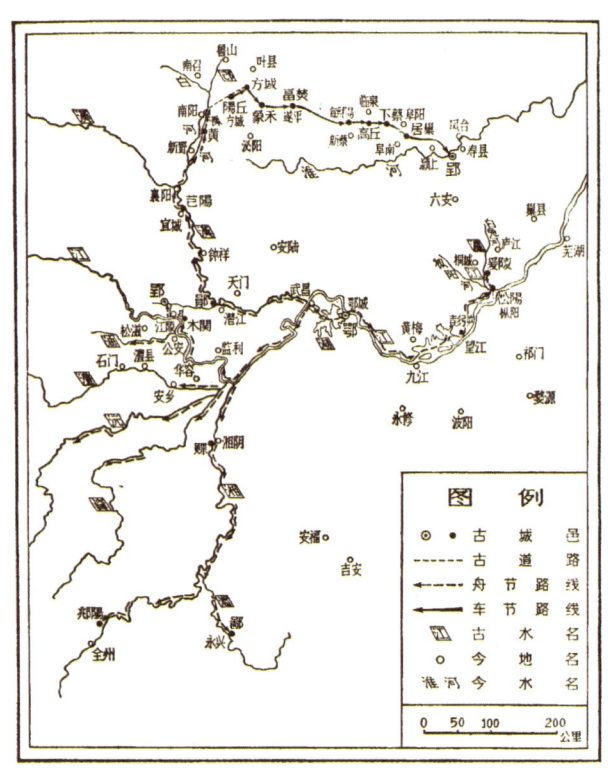

鄂君启节交通运输路线图
（图片来源：谭其骧《长水集·鄂君启节铭文释地》，
人民出版社1987年版，第194页）

易、关税制度、地理环境以及楚王与封君之间的关系提供了翔实、珍贵的资料，为人们全面了解先秦时期楚国的政治、经济、军事、交通等问题打开了一扇窗户，是长江文化中名副其实的国之重宝、稀世之珍。

（编写：师琴、要二峰）

先秦道家宇宙生成观的载体
——《太一生水》竹简

国宝中的长江文化

扫码听故事

收藏地：原藏荆门市博物馆
年　　代：战国
图片来源：湖北省博物馆

竹简和木简是古代中国人在造纸术发明及普及以前主要的书写材料，由竹片和木片加工而成，一般呈狭长形，也有少量比较宽厚，称"牍"，它们被现代人统称为"简牍"。竹木材料因为价格低廉，容易获得，很早就被人们作为书写材料使用。1993年出土于湖北荆门郭店一号楚墓的《太一生水》竹简，记载了中国早期道家的宇宙生成观，是研究先秦道家思想的重要文献，也是研究中国古代思想史必读的材料。

① 古墓里的失传文献

1993年秋天，荆门市博物馆的考古工作人员对沙洋县纪山镇郭店村郭店一号楚墓进行了抢救性清理发掘。该墓不大，南距楚都纪南城遗址约9公里，属于楚国贵族墓葬，专家们研究后认为，墓主大约在公元前300年之前下葬。该墓虽然被盗过，但出土文物还是很丰富的，包括礼器、乐器、车马器、竹简等，其中最引人注目的是墓中出土的八百余枚楚简，被称为郭店楚简。郭店楚简一经公布，立即在海内外学术界掀起了一股研究热潮。专家们经过五年艰辛整理，确定这批竹简为十六篇先秦时期的文献，其中道家文献两篇，分别为《老子》（甲、乙、丙）和《太一生水》，另外十四篇为儒家文献。这批文献除《老子》（甲、乙、丙）、《缁衣》和《五行》三篇外，都没有传世文本。郭店竹简中既有道家文献又有儒家文献，表明当时的楚国贵族不仅热衷于巫术、占卜，重视产生于楚文化圈的道家学说，而且也对中原儒家文化秉持开放包容的态度。这也从另一个方面说明了战国中后期长江中游地区南北文化的交流与融合已经达到了相当高的程度，为此后中国大一统局面的到来做了文化铺垫。

郭店楚简中的《太一生水》竹简是目前已知较早的道家文献之一，它的形制、字体与《老子》丙组相同，整理者认为它们原来可能合编为一册，但由于内容相异，整理者仍将其单独成篇，并根据竹简开头"太一生水"四字将其篇名拟定为《太一生水》。

② 楚简的典型代表

《太一生水》竹简共有 14 枚，竹简两端齐平，出土时 7 枚完整，7 枚残缺，最短的 17.6 厘米，最长的 25.7 厘米，共 305 字。主要论述"太一"与天地、神明、阴阳、四时等的关系，篇幅虽小，但思想独特、内涵丰富。

《太一生水》竹简成篇的年代应在郭店楚墓墓主下葬之

前，距今 2300 多年。考古工作者发现它们时，大部分保存完好，甚至有些像新削的一样，上面的字迹也很清晰。这批竹简为什么保存得这么完好？这可能与它们位于温暖湿润的长江中游地区有关，当地有充足的地下水，长期浸泡在地下水中能有效阻断简牍与空气的接触，令其免于腐坏。

长江中游地区在战国前期属于楚国，战国晚期，秦国依靠其强大的武力，占领了江汉平原一带，所以当地出土的简牍以楚简和秦简为主。目前，战国时期的简牍出土量非常多，据估计已经出土了 20 多万枚。

《太一生水》竹简是典型的楚简，细看竹简上的文字，人们可以领略楚文字的典雅、秀丽之美，这与严整规范的秦文字大不相同。楚文字和秦文字都承袭了西周的文字体系，不过，作为战国时期南方文字的代表，楚文字当时已经表现出了较重的工艺性和装饰化的特点，而秦文字则仍沿着书

《太一生水》竹简（局部）

写性、规范化的方向发展。秦始皇统一全国后实行"书同文"政策，在全国范围内推行小篆，追求多样化风格和浪漫性审美的楚文字逐渐退出了中国文字的历史舞台。

③ 太一：万物之本源

《太一生水》和《老子》都反对将有形有象的"天地"作为万物的根本。《老子》认为"道生万物"，但并没有说清楚其中的过程。《太一生水》则明确提出了万物出自"太一"的观点，其开篇曰："太一生水，水反辅太一，是以成天。天反辅太一，是以成地……"创造了较《老子》更加完整、系统的宇宙生成学说。

《太一生水》成篇的时代，在公元前 3 世纪左右。当时，东西方的思想家都在思考天地万物的起源问题，如古印度、古希腊的哲学家都认为世界是由地（土）、水、风（空气）、火四种元素组成的。《太一生水》则认为太一是宇宙万物生成的本源，太一先生成水，由水构成天，天生出来之后，反过来辅助太一，又生成了地，这之后，天地又互相辅助，进一步生成神明、阴阳、四时、冷热、湿燥等。

古代先民依水而居，从传世文献来看，中国古代的

"尚水"思想还算比较常见，但是像《太一生水》这样将水的位置摆在天地之前的却不多见。天地万物由水构成，这显然是生活在长江流域的先民的想法。这个想法与古希腊哲学家泰勒斯的观点比较接近。不同之处在于，泰勒斯认为水是万物的基础形态，而《太一生水》则认为，在构成天地万物的水之前，还有一个最初始的推动物——太一，它藏在水中，随着时间而运行，成为万物之母。

《太一生水》是首次考古出土的先秦时期有关宇宙生成的重要文献，它记录了道家先贤原始、朴素的哲学思想，丰富了先秦时期道家的宇宙生成学说，让人们对道家的宇宙生成观有了全新的认识，是研究中国古典哲学、古代文献、古文字学、简册制度和书法艺术的重要史料。

（编写：何慧敏、马志亮）

楚文化的"世界名片"
——虎座鸟架鼓

扫码听故事

收藏地：湖北省博物馆
年　代：战国
图片来源：湖北省博物馆

国宝中的长江文化

虎座鸟架鼓是楚文化特有的一种乐器，到目前为止，已经出土了50多件，全部出土于楚国贵族墓中。它们是将鼓悬挂起来敲击演奏的，因此又被称为"虎座凤鸟悬鼓"。湖北省博物馆镇馆之宝之一的虎座鸟架鼓是此类鼓中最精美的一件，这件"明星文物"彰显了长江中游地区楚文化的典型特点——浪漫与神奇。

这件虎座鸟架鼓是怎么被发现的？为什么说它是楚文化的典型代表？在它身上凝聚了中国古人怎样的智慧？

① 揭晓传说的考古发掘

九连墩是今枣阳市区东南部一条南北走向的土岗，因上面分布有9个馒头形状的大土堆而得名"九连墩"，这里是古代南北交通要道——随枣走廊（今湖北随州到枣阳一线）的一部分。相传战国时，楚王因为听信谗言，错误地将一位忠心耿耿的将军砍了头。楚王醒悟后，十分愧疚，于是为将军铸造了一个金头，与将军的遗体放在一起下葬。为了防止盗墓贼挖走金头，楚王命人为将军堆了9座土丘，挑选其中一座作为墓地，以迷惑盗墓贼，这才有了这9座大土堆。9座土堆中是否真的埋葬着这位将军？金头到底在不在其中？这一切问题的答案，都只有通过考古发掘才能知晓。

2002年，连接襄樊和孝感的高速公路正式开工建设，而九连墩地区恰好位于这条高速公路的规划范围内。2002年9月至2003年1月，湖北省文物考古研究所集中全省考古力量，抢救发掘了九连墩最南端的土堆，即后来的1号墓、2号墓及1号车马坑、2号车马坑。考古队员扒开表层的泥土后，青灰色的泥层映入眼帘。考古队员们一看就知道这是用来密封墓室以隔绝氧气的青膏泥。他们当即判断土堆地下存在古墓。当时，发掘现场盛况空前，使用了热气球摄影、全站仪测量等技术手段，还成功进行了连续五天的发掘现场直播，大大拉近了考古发掘与大众之间的距离。

考古队员们随后发掘出了两座大墓和两座车马坑，发现两墓为夫妻异穴合葬，墓内随葬有礼器、乐器、车马器、生活用品和丧葬用品等，虎座鸟架鼓就在2号墓即夫人墓中。

② 构思奇特的艺术珍品

这件虎座鸟架鼓通高135.9厘米，宽134厘米，厚55.2厘米，鼓径60厘米。它的设计非常巧妙，两只昂首卷

展出中的虎座鸟架鼓

尾的老虎背对背趴在六条长蛇盘绕的长方形底座上,虎背上各立一只长腿昂首的凤鸟,似乎正在引吭高歌。背向而立的凤鸟间悬挂一面大鼓,鸟背上各有一只调皮的小老虎抱住鼓框。鼓框上有三个铜环,用来绑缚丝带,可以分别系在两鸟的鸟冠上和鸟尾的相接处。器身以黑漆为底,运用红、黄、银白等彩漆绘出虎的斑纹、凤的羽毛,并描出眼睛、嘴巴等部位。整个器件造型逼真,彩绘绚丽,充满了浪漫主义的情调,表现了楚人丰富的想象力和创造力,是一件极具艺术价值的工艺精品。

这件虎座鸟架鼓的底座用整木雕刻而成,凤鸟的头、颈、身体和腿则分别制作,用榫卯连接为整体。六蛇盘绕的底座和两只小老虎抱着鼓的造型,都属首次发现。虎座大而平,因而整个鼓架非常稳定,即使用力击鼓也不会倒。凤鸟细长的脚插在虎背上,提升了击框的高度,更便于演奏者击鼓,充分展现了楚人高超的乐器制作技术。

③ 楚地精神的典型代表

虎座鸟架鼓将凤、虎、鼓三者合一,在这组造型中,凤高大轩昂,虎相对较小,被凤踩在脚下,为什么会这样呢?原来在春秋战国时期,楚地巫风盛行,流行神仙观念,凤凰被赋予引魂升天的神圣使命,成为楚人心目中沟通天地神人的灵鸟。因此,楚地崇尚凤鸟。此外,凤更是集壮、美、奇于一身,令观者神往。楚凤簪花佩草、饮露餐华、通天达神、引魂升天的神异性状,自由奔放、刚柔并济的外在形象与精神气质,充分体现了楚地地域特征与楚民族特征。

《韩非子·喻老》记载,楚庄王曾说有神鸟"虽无飞,飞必冲天;虽无鸣,鸣必惊人"。他借鸟来表达楚人能屈能伸、志向高远的胸襟与抱负。楚国先民"筚路蓝缕,以启山林",他们穿着破衣,架着简易的车,创建了楚国,在这个过程中不乏征服猛兽之举。另外,虎是巴人的图腾,战国时期,楚国和巴国经常交战,因此,在虎座鸟架鼓上,楚人将自己崇拜的图腾凤置于猛虎之上,有征服猛兽的意思,也寄托了征服巴人的愿望。

楚国在鼎盛时期,几乎占据了整个长江中下游地区,在这片广袤、充满奇异色彩的土地上,楚人创造了瑰丽奇谲的楚文化。凤在虎上,展翅欲飞;虎在凤下,灵巧可爱。一件虎座鸟架鼓,表达着楚人积极向上、勇敢无畏的自强不息精神以及浪漫的审美意识。

(编写:何慧敏、马志亮)

吴越文化

吴越文化是长江文化重要的组成部分。吴越地区位于长江下游，包括今上海、江苏南部、浙江、安徽南部、江西东北部等地。吴越地区是中华文明的发源地之一，在史前时期就是先民活动的区域，新石器时代晚期的良渚文化对中华文化的发展影响深远。春秋战国时期，吴越文化的显著特征是粗犷中蕴含精雅。六朝至隋唐时期，吴越文化逐步注入了"士族精神、书生气质"。南宋以后，吴越文化愈发朝精致的方向发展。本书选取良渚大玉琮、越王勾践剑、伎乐铜屋、竹林七贤与荣启期砖画、《上虞帖》、龙泉窑青瓷舟形砚滴等六件文物，来展示吴越文化发展的轨迹及其与周边文化的互动。

中华五千年文明的见证
——良渚大玉琮

国宝中的长江文化

扫码听故事

收 藏 地：浙江省博物馆

年　　代：新石器时代

图片来源：浙江省博物馆网站

在先秦时期，人们举行重要的祭祀活动时会用到一种玉器，它的名字叫作琮。玉琮是一种外方内圆的筒形玉器，最早出现于新石器时代中晚期。距今5300—4300年的良渚文化遗址中就出土了很多玉琮，其中一件体量巨大、雕琢精美的玉琮获得了"琮王"的美誉，它就是良渚大玉琮。

① "琮中之王"

1986年，浙江省杭州市的一家企业要在反山进行施工，在开工前，被闻讯赶来的浙江省文物考古研究所的专家们阻止了。专家们曾对反山进行过探测，发现反山并不是自然形成的山体，而是人为堆筑的土堆。这座土堆被考古学家称为"土筑金字塔"，是古人生产生活的遗迹。考古专家立即展开了抢救性考古发掘，清理出11座良渚文化时期的贵族大墓。据不完全统计，反山墓地的12号墓中出土有玉器、石器、嵌玉漆器和陶器等658件单件器物，仅玉器就有647件。在众多的玉器中，良渚大玉琮最引人注意。

在所发现的良渚玉器中，良渚大玉琮是体量最大的一件玉琮。经过测量，这件玉琮通高8.9厘米，直径16.5~17.6厘米，孔径3.8~5厘米，整器重约6500克。玉琮的整体形状是矮扁的方柱体。外部为方形，内部为圆形，中间有对钻圆孔，孔中留有台阶状的制作痕迹。下端有取料时形成的凹缺。

良渚大玉琮呈黄白色，这与我们平时见到的绿色透亮的玉器不同。其实，在未被埋入土中前，良渚大玉琮应该也是绿色的。玉器自埋入土开始就不可避免地与土壤、地下水、有机质等接触，而且会随着季节、温湿度、地下水位等的变化而变化，这使得玉器不断地改变着原有的性状，这一过程就是"受沁"。埋藏环境不同，玉器的受沁程度也会有所不同，有些出土的玉器还保留着原本的绿色，有的玉器如良渚大玉琮最后变成了鸡骨头一样的黄白色，这种颜色就被称为"鸡骨白"。

② 神秘的神人兽面纹

良渚大玉琮的另一个特别之处，就是这件玉琮上的神人兽面纹。玉琮四面被中间的直槽分为左右两部分，又被横槽分为上下两节，琮体四角均有一组以转角棱线为对称轴的上下两个简化的兽面纹。一开始，考古专家们认为玉琮四面中间的直槽上绘制的也是鼓着铜钱般大眼睛的兽面纹。后来整理文物照片时，他们惊奇地发现，四个面的直槽内上下各刻有一个神人兽面纹,总共有八个。神人长着倒梯形的大脑袋,两重圆圈构成了他圆鼓鼓的大眼睛,宽大的鼻子下面扁扁的嘴巴微微张开,露出整齐的牙齿。神人头上戴着硕大的羽冠,耸起肩膀,稳稳地跨坐在露出獠牙的神兽上。这是极为罕见的神人兽面纹。

这些古老又神秘的图案向人们展现了良渚文化的哪些信息呢?

其一,人们可以看到神人兽面纹的整个纹饰中填充着大量的卷云纹、直线、弧线等。需要特别指出的是,在1毫米的范围内,良渚人竟然雕刻出了5条不重叠的线条。在没有金属工具的新石器时代,其制作难度可以想象,可见良渚文化时期的匠人已经掌握了高超的制玉和雕刻技术。

良渚大玉琮上的神人兽面纹图像
(图片来源:浙江省博物馆网站)

有学者推测，良渚文化时期必然存在专业的琢玉工匠，而且制玉手工业相当完善。这也说明当时的社会分工已经细化，粮食生产能够养活大量长期脱离农业劳动的手工业者。

其二，有学者认为，这种神人兽面纹是一种神徽。玉琮是良渚人与天地神灵沟通的媒介，也是祭祀活动时重要的礼器。在玉琮上刻画神徽，可能是良渚人为了强化玉礼器沟通天地神人的功能。

③ 丰富的文化内涵

关于良渚玉琮的用途，学者们有很多争议。有人认为，玉琮和其他玉器作为死者的财产随着死者一起下葬，显示了死者尊贵的身份。有人认为，玉琮外方内圆，是巫师沟通天地的法器。也有人认为，玉琮是宗庙祭祀中的器物。虽然学者们对玉琮的用途有不同观点，但玉琮都出现在高等级墓葬中的这一事实是毋庸置疑的，这也体现了玉琮是贵族的专属品。考古发现的精美玉器只出现于贵族的墓葬中，玉琮的有无和精美与否，是判断良渚墓葬级别的主要标志。贵族墓葬中丰厚的随葬品和普通人墓葬中的随葬品形成了鲜明的对比，可见当时社会成员关系不再是原始社会时的平等关系，出现了明显的贫富差别与阶级分化。

透过玉琮，人们可以看到社会分工的出现、宗教观念的形成、社会阶层的划分等，这些体现了当时社会的发展程度，证明良渚人已经走出了蛮荒时代。有人认为此时的长江下游地区已经出现了"文明的曙光"。这也正是这件"琮王"的重要价值之一。

曾侯乙墓出土的玉琮
（图片来源：湖北省博物馆）

自良渚人之后，商周时期仍有人制作玉琮，战国时期的曾侯乙墓曾出土两件玉琮，河北满城汉代中山靖王墓出土的金缕玉衣中也有玉琮改制的部件。汉代以后，基本就见不到新制作的玉琮了。到了宋代，在好古之风的推动下，出现了仿制玉琮的风气，并一直延续至清代。但是此时的玉琮与之前的玉琮已经完全不同，不再是肃穆贵重的祭祀礼器，而成了文人墨客把玩的工艺品。

2009年，浙江省博物馆为庆祝建馆80周年，面向社会推出"十大镇馆之宝"的评选活动。良渚大玉琮成功入选，可见它备受人们的推崇和喜爱。它神秘古朴的纹饰和精雕细琢的工艺，彰显了中国新石器时代高超的制玉水平，反映了先民的精神世界，更向世界展示了古老、厚重、辉煌的中华文明！

（编写：汪琬、要二峰）

"天下第一剑"
——越王勾践剑

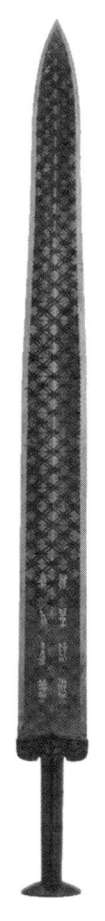

国宝中的长江文化

扫码听故事

收藏地：湖北省博物馆
年　　代：春秋战国
图片来源：湖北省博物馆

今湖北省博物馆藏有一件春秋战国时期的青铜宝剑——越王勾践剑。它制作精美,纹饰华丽,是中国古代青铜剑的杰出代表,也是湖北省博物馆的镇馆之宝。那么,这把宝剑是怎么被发现的呢?本属于越王的剑,为什么又会流传到湖北呢?

① 惊世发现

1965年,为了配合湖北省荆州地区漳河水库二干渠的修建工程,文物考古工作者在相关区域进行了考古调查。他们在荆州八岭山东北部一片较为平坦的岗地上,发现了一处战国时期的墓地——望山墓地,其中1号墓的墓主是一位楚国的男性贵族。当考古工作者小心翼翼地打开他的棺椁时,惊奇地发现有一把青铜剑插放在漆木剑鞘里,静静地躺在墓主人的左手边,可以看出墓主人对它十分珍爱。

这把青铜剑长55.6厘米,剑格宽5厘米。它出鞘时寒光耀目,保存得极其完好,基本没有生锈腐蚀的痕迹。剑身纵横交错着菱形花纹,这是春秋时期吴越青铜兵器常见的纹饰。剑格正面的凹槽中镶嵌着蓝色玻璃,背面则镶嵌着绿松石。剑首铸有11道同心圆,间距仅为0.2毫米。经测试,薄而坚韧的剑刃能一次轻松划破十几张纸,锋利程

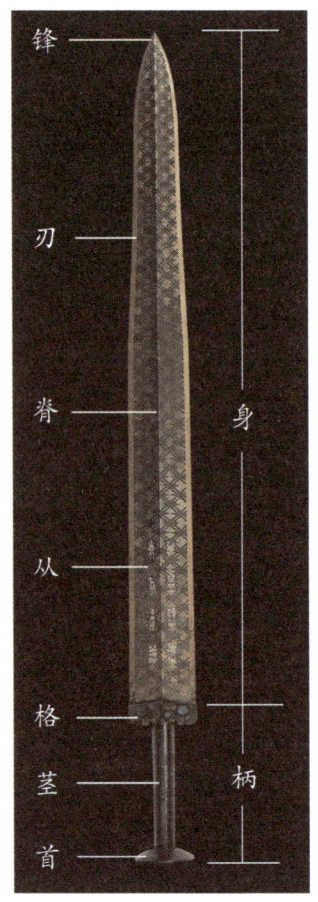

剑各部位名称

度让人惊叹。

　　越王勾践剑不腐不朽、锋利如初的秘密是什么呢？首要原因是这把青铜剑选材用料好，剑身是用纯度很高的上等铜料制成的，几乎不含铅。二是这座墓葬密封性较好，因此内环境比较稳定，含氧量极低，外加剑鞘的保护作用，使宝剑历经 2000 多年依旧光彩照人。

② "王者之剑"

令考古工作者感到惊喜的，还有剑身的八字铭文。这些铭文告诉了人们这把剑的主人是谁。铭文的字体是当时的一种艺术字——鸟虫书。鸟虫书笔画弯曲回转，又有各种图案花纹用于装饰，常出现在春秋战国和秦汉时期的兵器、酒器、乐器等青铜器上。这种繁复的字体增加了释读的困难，参与发掘的方壮猷先生初步解读出"越王"和"自作用剑"6个字，推断这是某位越王的佩剑。后来，他写信给郭沫若、夏鼐、唐兰、陈梦家、徐中舒、苏秉琦等大家，征求他们对剑铭的释读意见。经过两个多月的书信研讨，终于确定铭文为"越王鸠浅自作用剑"。经专家考证，"鸠浅"就是勾

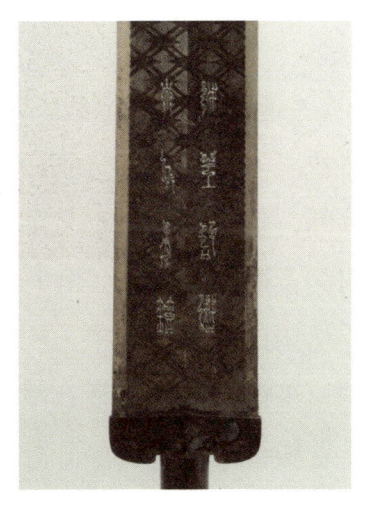

越王勾践剑剑身铭文
（图片来源：湖北省博物馆）

践，这把剑最初的主人就是越王勾践。

越王勾践是春秋时期最后一位霸主，你听说过他尝胆自励的故事吗？勾践成为越国国君后曾经败于吴国，据说他战败投降后曾到吴国服侍吴王夫差，受尽折磨和屈辱才得以返回越国。此后他取一枚苦胆悬于房中，每日品尝，时时提醒自己不能忘记战败的耻辱。由于他励精图治，越国的国力逐渐强大起来。经过十余年的蛰伏和隐忍，勾践最终率兵灭吴，一雪前耻，成就了霸业。越王勾践剑也因这位传奇的主人而更具几分"王者之剑"的气势。

③ 入楚之谜

《越绝书》中记载，铸剑大师欧冶子曾经为越王勾践铸造了五把宝剑，分别命名为湛卢、纯钧、胜邪、鱼肠和巨阙，每一把宝剑都是削铁如泥的绝世之剑。越王勾践自用的青铜剑为什么会出土于楚国的墓葬呢？关于这个问题，要从望山1号墓的主人——楚国的贵族悼固说起。悼固是楚悼王的曾孙，生活在战国中期，越王勾践剑很可能是楚王赏赐给他的。

那么，楚王又是如何得到这把剑的呢？这与当时诸侯国之间的战争形势密不可分。在春秋晚期，长江下游的吴、越两国相继强大起来，并参与到与中原诸国的争霸战争中。在错综复杂的战争形势下，楚国既是帮助越国夹击吴国的盟友，同时也是导致越国覆灭的敌手。所以关于楚王是如何得到这把宝剑的，学术界也一直存在两种看法。有人认为，这把越王勾践剑是越王勾践送给楚王的礼物，楚昭王曾娶勾践之女，勾践可能以此剑作为陪嫁品；还有人认为，越王勾践剑是楚、越两国交恶之后，楚国人在与越国人的交战中获得的战利品。越王勾践剑现身楚地，不论是因为联姻还是因为战争，都是楚国与越国之间交往的见证。

春秋战国时期，吴越地区铸剑技术高超，当地铸造的宝剑深受各国喜爱，传播也十分广泛。目前，中国发现的吴、越王室作剑有70多件，在浙江、江苏、安徽、湖南、湖北、河南、山西等地都有出土。越王勾践剑展现了先秦时期长江中游荆楚文化与下游吴越文化之间的交流与互动，是中华文化早期蓬勃生命力的重要见证。其自身采用的复合金属技术，巧妙地将硬度和韧性集于一身，也充分展现了中国古人对青铜合金的深刻认识和高超的青铜铸造技术。

（编写：汪琬、要二峰）

"两千多年前的音乐厅"
——伎乐铜屋

国宝中的长江文化

扫码听故事

收 藏 地：浙江省博物馆
年　　代：春秋战国
图片来源：浙江省博物馆网站

在浙江省博物馆，有一座精美的青铜房屋模型——伎乐铜屋，它是目前已知的唯一一座先秦时期的青铜房屋模型，展示了当时乐队的组合和建筑的样式，被称为"两千多年前的音乐厅"。

① 青铜时代的越地宝藏

伎乐铜屋是如何被发现的呢？这要从1982年的一次考古发掘说起。

1982年3月，考古工作者在浙江绍兴坡塘狮子山遗址发掘了一座古墓。一位老专家当时正在处理一堆因腐烂而变形的漆木器，突然，在漆木器的中间出现了一个手指粗细的青铜柱，柱顶还立着一只形状像鸟的动物。老专家第一次见到这种造型奇特的青铜器，于是小心翼翼地拿起铲子，一点一点地将漆木器分层，就这样，一个青铜小屋慢慢出现在众人面前。

考古工作者们如获至宝，稍加清理便将青铜小屋移至绍兴市文管会做进一步清理。当青铜小屋里面腐烂的木渣被清理干净时，一个更令人振奋的场面出现了：这个青铜小屋里竟然还有六个手指大小的小人！他们分为两排跪坐，有的手上拿着乐器，似乎正在进行表演。专家们后来将青

伎乐铜屋正面　　　　　伎乐铜屋背面

（图片来源：王屹峰《绍兴306号墓出土的伎乐铜屋再探》，《东方博物》2009年第3期）

铜小屋命名为"伎乐铜屋"。

狮子山遗址这座古墓出土了上千件器物，其中有包括伎乐铜屋在内的十七件青铜器。研究者通过出土器物及器物上的铭文推断，这座墓的年代大约是战国初期。绍兴在春秋战国之际属于越国，这座墓内有带铭文的徐国青铜器，也有具有吴国风格的器物，它们可能是越国灭吴国之后从吴国带回来的战利品。

② 穿越千年的房屋模型

伎乐铜屋高17厘米，面宽13厘米，进深11.5厘米，是一个三开间的房屋模型。它看起来与现代房屋不同：屋子正面敞开,却没有墙和门窗,还立了两根圆形明柱,侧面两边是透空方格式墙壁。屋子背面的中心部位还开了一扇宽3厘米、高1.5厘米的小窗。屋顶的中间有一根7厘米高的铜柱,在铜柱的顶端有一只大尾巴鸠鸟。攒尖式的屋顶斜面装饰着勾连回纹,铜柱的表面则装饰着勾连云纹。铜屋里有六个小人,他们分为两排跪坐,前排左侧两人双手交叠于腹部,嘴呈圆形,似乎在唱歌,右侧一人面向

铜屋中的人物形象(一)
(图片来源:王屹峰《绍兴306号墓出土的伎乐铜屋再探》,《东方博物》2009年第3期)

架鼓,应是鼓手;后排三人分别做抚琴、击筑、吹笙状。

这件伎乐铜屋小巧精致,制作工艺十分复杂。据专家介绍,古人是采用分铸法来制作的,也就是先将屋顶、乐器、人物等附件分开浇铸,完成以后,再铸造铜屋的主体。铜屋底部留有相应的孔洞,是为了方便将附件塞入铜屋内部后用铜和锡作为焊接剂将它们焊接起来。

伎乐铜屋生动清晰地展现了古代吴越地区的建筑形态、生活场景。房屋模型的正面敞开,有利于冬季的室内采光,

两侧透空墙有利于通风,后壁实体墙则可挡风,这是南方最合理的建筑结构。吴越地区多雨水,屋顶采用斜坡也是为了引流雨水。

③ 吴越礼乐文化的代表

伎乐铜屋里的六个小人正在进行什么活动呢?目前,学术界有两种不同的看法。一种认为这些人正在进行歌舞表演,铜屋正面完全敞开,只立两根明柱作支撑,场面开阔;铜屋两侧为透空方格式墙壁,有利于乐声的传播。另一种认为,他们正在进行某种祭祀活动,小人们正在奏乐表演,理由是铜屋内没有任何日常生活设施,可见铜屋不是一般的生活场所,很可能是公共空间。从造型来看,青铜小屋应该是一个反映礼乐文化的场所。

铜屋中的人物形象(二)
(图片来源:王屹峰《绍兴306号墓出土的伎乐铜屋再探》,《东方博物》2009年第3期)

礼乐制度是中国古代独特的文化现象。其中"礼"用来约束人的行为，主要是通过规定人们在各种活动中的一举一动，来体现等级，同时协调人际关系，维护社会的稳定。"乐"配合礼的进行，也有陶冶性情、表达感情的作用。从石器时代开始，人类就制作各类乐器，并将其应用到各种场合，如山西陶寺遗址就出土了陶埙、石磬、土鼓等乐器。先秦时期乐文化发展到顶峰，贵族的生活往往少不了钟磬和琴瑟。伎乐铜屋正好给人们提供了一个观察长江下游礼乐文化的样本。铜屋内的乐器共有四种，即琴、筑、笙、鼓。从乐器来看，铜屋内的笙与中原的笙并无差异，琴和鼓与春秋战国时期楚国的实物则有一定区别，是具有地方特色的乐器。由此可见，在铜屋里演奏的应该是一个具有一定吴越地方特色的乐队。

古代乐队和建筑的形象在先秦时期青铜器的纹饰及汉代的画像石中也有所体现，但都是以二维平面结构出现的，以立体模型结构出现的极为罕见，伎乐铜屋就是其一。伎乐铜屋形制奇特，基本上是仿照生活中的实物制作的，展现了两千多年前人们生活场景的一个片段，为人们了解长江流域吴越地区的音乐、建筑、社会生活等提供了最直观的实物资料。

（编写：何慧敏、要二峰）

存世最早的竹林七贤群像
——竹林七贤与荣启期砖画

收藏地：南京博物院

年　　代：南朝

图片来源：南京博物院

现藏于南京博物院的竹林七贤与荣启期砖画由近300枚砖块拼嵌而成,规格统一,可分为两组:一组高78厘米,长242.5厘米;一组高78厘米,长241.5厘米。这幅砖画是目前出土的同题材砖画中规模最大、内涵最丰富、保存最完整的一幅,于2022年入选"江苏人气宝藏"。

① 意外发现

1960年4月,南京西善桥钢铁厂进行厂区建设时在西善桥附近的宫山上取土。取土进行了几天,工人们挖出了大量青灰色的砖头,上面还有各式各样的花纹,有的像圆圈,有的像草叶,再往下挖,就明显感到土层松软不少。工人们赶紧停止取土并向文物部门报告。几天后,江苏省文物工作队南京分队的工作人员进入现场,开始发掘清理。将近一个月后,考古发掘顺利结束。

这是一座南朝时期的高级墓葬,为略呈椭圆形的带墓道的长方形墓。墓室内部因为被盗,只留下一些残破的瓷器和陶桶等。但是墓穴主室南北墙壁上保存完好的墙砖上面烧制的阴刻花纹令考古队员们惊叹不已。待考古队员们仔细照相、拓印后,他们发现每面墙上的花纹拼在一起都是四个古装打扮的人物,两面墙共八个人,每个人身边还有一个竖框，框内刻有人名。经辨认，南壁砖画上的人物自外而内分别是嵇康、阮籍、山涛、王戎，北壁砖画上的人物自外而内分别是向秀、刘伶、阮咸、荣启期。后来专家将两幅砖画拼接在一起，恰好形成一幅完整的图画。

壁画砖的另一侧有便于拼砌用的壁画名称和砖行编号，如"向上行第卅一"，"向"指向秀，数字则代表砖的具体摆放位置。专家们据此推测：画师先在整幅绢上将画画好，分段刻成木模，印在砖坯上，再在每块砖的侧面刻上行次号码，待砖烧好后，依次拼嵌成完整的砖画。

② 画中风流

这幅砖画从技法上看，线条刚劲自然，人物比例匀称，是相当成熟的作品。画面中各个人物均光脚坐在皮褥上：嵇康头梳双髻，手弹五弦琴；阮籍身着长袍，一手拄皮褥支撑身体，一手置膝上，口做长啸状；山涛裹头巾，一手挽袖，一手执杯欲饮；王戎斜身，左臂倚靠在几上，右手把玩一柄玉如意，仰首曲膝；向秀一肩袒露，闭目靠在树上，似乎在沉思；刘伶曲一膝，双目凝视手中酒杯，另一手蘸酒品尝；阮咸垂带飘于脑后，双手弹拨一四弦乐器；荣启期则蓄着长须，披头散发，腰系绳索，正凝神弹奏五弦琴。砖画中的八人虽形态各异，却都神采飘逸、超尘拔俗，尽显名士风流。每个人物身旁均标明姓名，彼此之间以银杏、松树、槐树、垂柳等相隔，形成一组既各自独立又和谐统一的大型画像砖组画。

竹林七贤与荣启期砖画拓片（局部）
（图片来源：南京博物院）

据说魏晋时期的嵇康、阮籍、山涛、向秀、刘伶、王戎、阮咸七人经常在竹林中聚会，纵情畅饮，所以时人称他们为"竹林七贤"。他们饱读诗书、旷达率真、慷慨激昂、崇尚自由，寄情于山水之间，为自己构建了一个隐逸的独立空间。荣启期并不是魏晋时期的人物，而是春秋时期的一位智者，是古代"高士"的代表。画作将荣启期与竹林七贤绘于同一场景中，既可以看作是画师的一种艺术创造，以表现时人反对束缚，追求自由、洒脱的心理，也反映了南朝时期吴越文化区为适应门阀士族兴起和玄学流行的社会需求而形成的绘画风格。

③ 稀世珍宝

竹林七贤与荣启期砖画是国家一级文物，也被列入了《禁止出国（境）展览文物目录》，有重要的价值。

从砖画的技法上看，该砖画衣褶线条刚劲柔和兼而有之，人物比例匀称，是相当成熟的画师的作品。以之与今天尚流传的晋代绘画摹本相比，和顾恺之的画作有很多相似之处，它与《女史箴图》同样表现了那种如春蚕吐丝般有韵律的线条和典雅的风格，砖画中的银杏、垂柳与《洛神赋图》中的手法几乎相同，显示出中国山水画的早期风格。

该砖画的发现，为研究魏晋南北朝时期吴越文化区的绘画艺术提供了可靠而翔实的资料。另外，自南京西善桥宫山大墓第一次发现竹林七贤与荣启期砖画后，一些地方也陆续发现了此类砖画，学术界由此也得出一个结论：南京附近的墓葬中，如果有竹林七贤与荣启期砖画，基本可以认定是当时的高等级大墓。

（编写：师琴、要二峰）

"书圣"的书信
——《上虞帖》

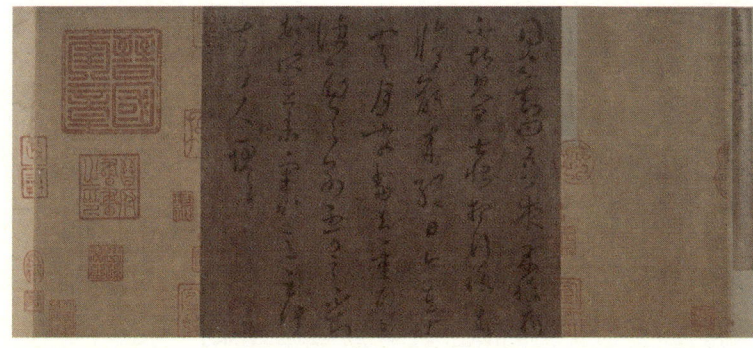

国宝中的长江文化

扫码听故事

收藏地：上海博物馆
年　　代：唐
图片来源：上海博物馆

《上虞帖》是东晋书法家王羲之的草书作品，有"灵动绰约，丰肌秀骨"之誉。该帖是王羲之因病未能见到朋友而写的一封书信，信中也提到了其他亲戚朋友的近况。上海博物馆藏《上虞帖》为唐临摹本，麻纸质地，纵向23.5厘米，横向26厘米，7行58字，作品风格面貌属于王羲之晚年书风。它虽然是唐人摹本，却依然不影响它成为一件无价之宝。

① 传世墨宝

上海博物馆镇馆之宝之一的《上虞帖》最早曾为五代南唐的内府珍藏，故在帖的前、后角上还留有南唐的"集贤院御书印"半印，后下角有"内合同印"，虽然印文处已有破损，但仍可辨认。此帖后藏于北宋内府，在前隔水上有宋徽宗赵佶题的月白绢签，并盖有他的多枚印章。在绢签下角和隔水及帖本身跨押朱文双龙圆印骑缝印，隔水前押"御书"葫芦骑缝印，帖的前、后下角与后上角及前、后隔水相接处均押"政和""宣和"骑缝印，后隔水与拖尾相接处押"政和"骑缝印，拖尾中间押"内府图书之印"朱文大印。在南宋及元代，此帖不知藏于何处，至明代藏于晋王府，有"晋国奎章""晋府书画之印"等五印。明末又归韩逢禧，有"韩逢禧"两印。清初则为梁清标所有，帖前、后有多枚梁清标的印。后辗转至程定夷处。

《上虞帖》还有一个有趣的名字——《夜来腹痛帖》，源于帖上描述的内容："得书知问。吾夜来腹痛，不堪见卿，甚恨！想行复来。修龄来经日，今在上虞，月末当去。重熙旦便西，与别，不可言。不知安所在。未审时意云何，甚令人耿耿。"文中的"修龄"是王羲之从弟王胡之的字，"重熙"是王羲之妻弟郗昙的字，"安"则是东晋重臣谢安。

此幅书法从文句上看应该是写给亲友的书信，大意是："得到来信，知道您问候我。我昨夜腹痛，致使不能与您见面，非常遗憾！不过您应该还会再来。修龄已来了一些时日，现在在上虞，月末就会离开。重熙明早就会西去建康。与他分别，痛不堪言。不知道谢安现在何处，不知道他对当前时局和对修龄、重熙两人的新任职有什么看法，没有听到他的意见，我耿耿于怀。"

② "书圣"之名

王羲之，字逸少，琅琊临沂（今山东省临沂市）人。东晋书法家，有"书圣"之称。王羲之凭借门荫入仕，始任秘书郎，历任江州刺史、会稽太守，后官至右军将军，人称"王右军"。王羲之能在书法领域取得如此高的成就，

王羲之像

离不开他对书法艺术孜孜不倦的追求和热爱。他出身书法世家,受家庭环境熏陶,从小爱好书法,7岁时就开始学习书法,12岁时经叔父传授笔法,后来师从著名书法家卫夫人。为了拓宽视野,他遍游名山大川,寻访名家书作,草书学张芝,楷书学钟繇。在广采博取的基础上,他继承各种字体笔法的优长之处,加以融会而自成一体,最终形成了妍美秀逸、韵胜度高的书风,使中国书法的技法水平与审美水平得到了更进一步的提升。

王羲之一生与字为伴,擅长隶、草、楷、行各种书体,他的书法作品除了《上虞帖》,还有被誉为"天下第一行书"的《兰亭集序》,以及《姨母帖》《快雪时晴帖》《初月帖》《十七帖》《丧乱帖》等。

③ 草书名作

《上虞帖》是王羲之传世草书名作之一。什么是草书?它在中国书法史上经历了怎样的演变?

草书的"草",是草率、草创、草稿的意思。广义的草书是快速写出的潦草的字,没有时代和书体的区别;狭义的草书是指汉代以后兴起的一种与篆书、隶书、楷书、行书都不同的,具有独特体势的字体。草书的发展历程可分为草隶、章草、今草和狂草等阶段。东汉许慎在《说文解字》中称"汉兴有草书"。当时主要是为了书写便捷,提高效率,通行的是草隶。至东汉末年,相传张芝摆脱了章草中保留的隶书笔画形迹,点画与上下字之间的笔势牵连相通,并省减偏旁、相互假借,形成"今草"(即今天俗称的草书)。王羲之及其子王献之是今草的完善者和集大成者。发展到唐代,张旭、怀素等草书大家将草书写得更加放纵,笔势连绵回绕,章法跌宕奇诡,字形变化繁多,被称为"狂草"。狂草将草书从原来的实用便捷,逐渐发展为纯粹的艺术作品。

《上虞帖》笔法随意洒脱,轻松自然,不拘小节;体势灵动绰约,丰肌秀骨。行文中尚可见章草余韵,但同时笔画中隶篆意渐失。字与字之间的笔势更是自然分明,充分展现出其清新雅致、楚楚动人的今草体势。

王羲之折中古今、推陈出新,开创了具有时代气息的一代新书风。《上虞帖》经历了千百年沧桑,幸未湮灭于历史尘埃中,得以重耀于今日,使今人犹可见王羲之中年的翰墨风流。

(编写:张彩琴、要二峰)

青瓷的巅峰
——龙泉窑青瓷舟形砚滴

国宝中的长江文化

扫码听故事

收藏地：浙江省博物馆
年　　代：元
图片来源：浙江省博物馆网站

在浙江省博物馆的众多藏品中，有一件造型精美的龙泉窑青瓷舟形砚滴，通长只有 16.2 厘米，宽不过 6.5 厘米，高 9.1 厘米。整件器物小巧玲珑，工艺精湛，代表了宋元时期龙泉窑青瓷的最高水平。这件舟形砚滴曾因登上新中国首部龙泉窑青瓷专业图录《龙泉青瓷》一书的封面而被世人所熟知。2009 年，浙江省博物馆在建馆 80 周年之际举办"十大镇馆之宝"评选活动，该砚滴也荣登其列。

① 出身"寒微"的奇珍

每一件文物的背后都有一个故事，将龙泉窑青瓷舟形砚滴从"前世"带到"今生"的是时年 17 岁的少女何招弟。

何招弟住在浙江省龙泉县（今龙泉市）上严儿村，1954 年的一天，她照例到地里干活，看到田间路旁都长满了黄花草，春风一吹，非常好看，她便想挖一点回去。挖着挖着手里的锄头突然发出一声脆响，像是碰到了什么硬物。她仔细一瞧，泥土里露出了一个绿色的东西。她轻轻地扒开旁边的泥土，将这个物件取了出来，带到溪边清洗干净，才发现这是一件青瓷小船。何招弟乐坏了，立马把它带回家当作宝贝一样藏起来。

但纸是包不住火的，何招弟挖出了一件宝贝的消息顿时传遍了四邻八舍，逐渐也传到了当地文物管理部门那。凭着职业敏感，文物专家们一同前往何招弟家一看究竟。经专家鉴定，这件小船是元代龙泉窑生产的一件瓷器，属于国家一级文物。何招弟听闻这是件国家一级文物，与家人商量后，决定把它捐给国家。文物部门为了表示感谢，便给予何招弟一家 68 元的奖励，这笔钱在当时可不是一笔小数目。

这件舟形砚滴随后被安排到各地展览，其价值得到了国内外众多文物专家的肯定，后来被浙江省博物馆珍藏，成为该馆的镇馆之宝。

② 别具匠心的工艺

砚滴又称水滴、书滴，是一种文房器物，贮存砚水供磨墨之用，有嘴的叫"水注"，无嘴的叫"水丞"。

浙江省博物馆藏的这件舟形砚滴的材质为青瓷，元代龙泉窑出产。舟上有舱篷和艄篷，船舷两侧有栏杆，舱内有席地交谈的男女二人。舱篷外右侧有一位穿蓑衣的艄公正伸手取篷顶的笠帽，俨然一派江南水乡雨天的情景。

该砚滴内外施釉，色青绿亮泽，舟首处留有一个小孔作注水用。由于舟形砚滴的造型奇特，无法使用单一的方

龙泉窑青瓷舟形砚滴
（图片来源：浙江省博物馆网站）

式对其施釉，只有把器外蘸釉、器内荡釉和局部淋釉等多种方式统统用上，才能在如此复杂的器物上均匀施上青釉，否则会导致釉面厚薄不均。该砚滴集镂雕、贴塑、模印等工艺于一身，总体造型生动形象，展现了当时瓷器制作匠人的艺术品位和工艺水平，同时也是我们一窥元代江浙地区社会生活的实物资料。

③ 龙泉青瓷的代表

砚滴的出现与笔墨的使用及书画的兴起有关。最迟在东晋时期，就出现了各种形状的水盂，人们在使用中发现，用水盂往砚里倒水时，往往水量过多，于是出现了便于掌控水量的砚滴。与我们熟悉的文房四宝笔墨纸砚相比，砚滴虽然也有一定的实际用途，但并不是文房的必备品。砚滴的作用，更多的是古代文人在闲情逸致中把玩，用以启发灵感。因此，砚滴的做工都非常精细，也非常别致。它的造型很多，有蛙形、兔形、龟形等，材质也有铜、陶、瓷、玉等。在宋元时期，砚滴以龙泉窑出产的最为有名。俑形、童子牧牛形、鱼形的都是龙泉窑生产的新品种，而舟形也体现了江浙地区的风土人情。

龙泉窑是宋元时期中国南方最大的民间窑厂，因窑址在今浙江龙泉而得名。龙泉窑始烧于北宋前期，以烧制青瓷而闻名，早期的产品风格受越窑、瓯窑、婺州窑的影响，特征与三窑的产品相似。北宋末年，北方兵荒马乱，汝窑、定窑被战火破坏，大量制瓷工匠将制瓷技术带到南方。南宋至元为龙泉窑鼎盛时期，这时的龙泉窑结合南北技艺，迅速走向成熟，瓷窑数量成倍增长，产品质量也有了很大提高。南宋中期龙泉窑烧成了著名的粉青釉，器型也更加丰富，尤以双耳瓶、八卦炉等为典型代表。元时龙泉窑在烧制大件器物上成就突出，近三尺的大盘、大瓶烧成后都不变形。明中期后龙泉窑逐渐衰落。

浙江省博物馆藏的龙泉窑青瓷舟形砚滴色泽呈粉青色，同时又极具江南特色与动态美感，代表了宋元时期龙泉窑青瓷的最高水平，也是长江文明与中原文明交流互动的优秀成果，可以说，它是中华文明瓷器文化的杰出代表。

（编写：张彩琴、要二峰）